働く女性のための

〈リーダーシップ〉講義

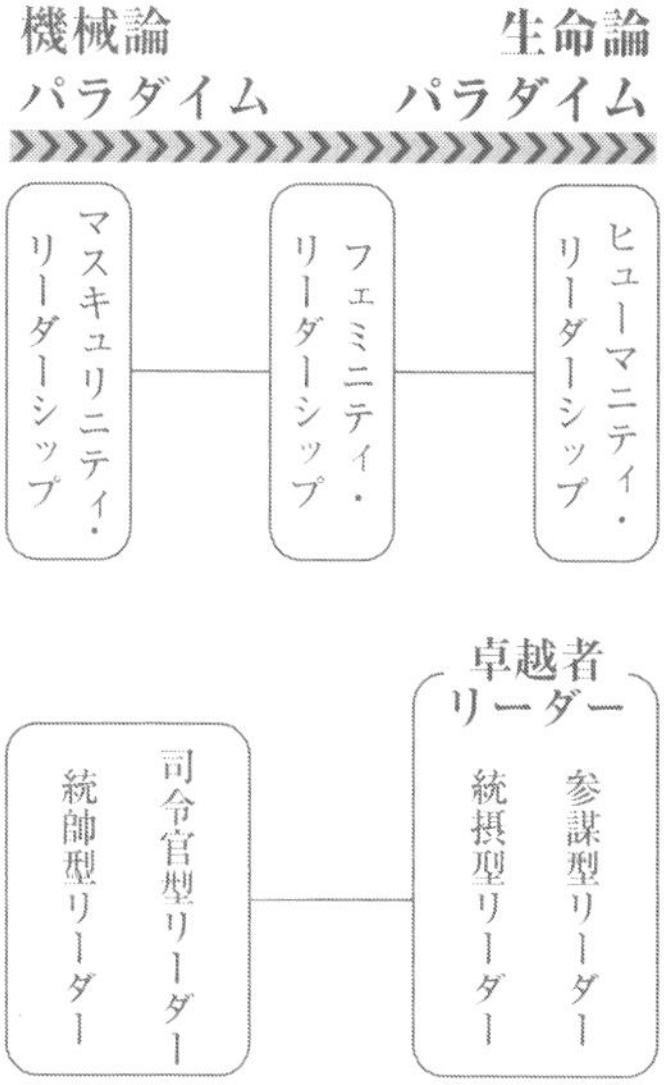

学校法人 大妻学院
理事長
花村 邦昭

三和書籍

まえがき

「男女共同参画社会」が国策として提唱（平成一一年六月「男女共同参画社会基本法」施行）されて以来十数年が経過しましたが実績はどうなっているでしょうか。たとえば、平成一七年一二月に閣議決定された第二次男女共同参画基本計画では、企業の管理職中の女性比率を二〇一〇年には30％にしようというのが目標でしたが、いまはまだ10・6％と低迷しており、先進諸国がいずれも31％を超えているのに比べて著しく見劣りしています。その他の諸指標で見ても、その進展ははかばかしくないというのが実情です。

では、どこに問題があるのでしょうか、世間の方はもちろんですが、はたしていまの若い女性に世のリーダー、師表となろうとする覚悟なり志がどこまであるかも問題です。

以下本講で言う女性リーダーとは、権力行使的な統帥型のリーダーの対極にある次のような参謀型リーダーのことです。

① トップの経営判断に資するよう情報をタイムリーに編集してそれを必要部署に迅速かつ効果的に提供する状況創出型リーダー

② メンバーのやる気を喚起しそれを組織のパワーに結束させる組織統摂型リーダー

③　組織の置かれた環境条件を的確に読み取ってそれを組織の最適行動に結びつける企画調整型リーダー

もちろん、このような参謀型リーダーは女性に限られるわけではなく、男性でも参謀型リーダーの役割を担っている人は現にたくさんいます。それでもあえて女性リーダーをその範型として取り上げるのは、それが男性性（マスキュリニティ）よりも女性性（フェミニティ）により親和的だと言えるからです。

本講の狙いは、そういう観点から、特に女性の立場に立って、女性がリーダーとなるための主体的条件を探ることにあります。それによって従来どちらかと言えば男性性に傾斜した、いわば〈マスキュリニティ・リーダーシップ〉論を、女性性に根ざした〈フェミニティ・リーダーシップ〉論でいったん脱構築し、その上で男性性・女性性を超えた人間性に立脚する〈ヒューマニティ・リーダーシップ〉論を改めて構築しようということです。

二十一世紀は女性の世紀と言われます。わが国で十分に活かされていない最大の資源は女性力だとも言われています。これから世に出られる女性のみなさんに対する世間からの期待は大です。本講がそのようなみなさんに少しでもお役に立てるなら幸いです。

目次

カバーイラスト
© Silhouette Design TopeconHeroes
http://kage-design.com
Artamp
www.artamp.com
The ultimate free design web site

開講

これから2回の補講を含めて、計15回のリーダーシップ論の講義を行いますが、本講がよって立つ理論上の枠組みは「生命論パラダイム」です。「機械論パラダイム」が要素還元主義、つまり、全体は部分に分割可能で、その分割された部分を再度組み立てればもとの全体が回復するという考え方に立脚するのに対して、「生命論パラダイム」は、全体と部分は相互に相手を含みあっていて両者を分割することは不可能であり、したがってすべてはトータルな生成プロセスとして把握されるしかない、という考え方に立脚します。

これから講義を進めるなかで、少しずつそのへんの機微について明らかにしていきますが、具体的なリーダー像として頭に描いておいてほしいのは、権力行使的な上からの統帥型リーダー（たとえば軍隊における司令官型のリーダーで、どちらかと言えば「機械論的パラダイム」に立脚します）ではなく、参加協働的・合意形成的・企画調整的な参謀型リーダー（たとえば企業におけるスタッフ部門のリーダーで、どちらかと言えば「生命論的パラダイム」により多く依拠します）です。つまり、メンバーのやる気を喚起し、部門間・部署間の連絡・調停を巧みに行い、現場の情報を正しく迅速にトップならびに関連所管部署に伝え、トップの経営意思決定を適切にサポートし、それを組織の末端まで効果的に浸透させること、併せて、できれば全組織的立場から進んで企画立案し、メンバーを結束させ、それを積極的に推進することなどが、本書で言うところの参謀型リーダー像です。

経営を誤らせるのは既往路線への拘りや、形骸化した組織規範に無反省に随順するだけのマンネリズムです。また、組織にとって最大のダメージとなるのは組織犯罪あるいは組織内人事抗争です。特に、経営トップあるいは中枢がそれらに関わっている場合は致命的です。組織病理の温床となる組織の歪みはリーダーシップの病から生じます。リーダーシップはなぜ病むか、リーダーシップを権力行使と取り違えるからです。もともとリーダーシップはそれとは対極にあって、メンバーに進むべき方向を示し、メンバーをしてその気にさせ、促し、束ね、そしてメンバー独自の創意と工夫をもって所期の目的を達成せしめるところにあります。あるべきは、メンバーの信頼と理解と協力をいかにして調達・獲得するかの工夫と努力です。そこには権力行使が介入する余地はありません。統帥型に対して、これを統摂型リーダーシップと言ってもよいでしょう。

そのような参謀型・統摂型リーダーシップにとって根本的要件は、ひと言で言って、フォロワーから信任を得られるかどうか、つまり魅力ある卓越した人間力を備えているかどうかです。参謀型・統摂型リーダーはすべからく卓越者リーダーでなければなりません。したがって、本講において一貫して問うのは「卓越」とは何かということになります。

リーダーシップについてこれまで諸学者によってなされた定義はすべてこのことを強く支持しています。たとえば、ドラッカーです。

「リーダーシップとは、人を引きつける個性ではない。人に影響を与えることでもない。リーダーシップとは、人間の視点を高め、成果の基準を上げさせ、人間の人格をして通常の制約を超えさせるものである」

いま一人はミンツバーグです。

「リーダーシップとは、指導や強制ではなく、人間の力の最高の資質を引き出し、そのレベルを引き上げるのを援助することによって、人をして挑戦に直面させ、価値観を修正させ、視点を変えさせ、それによって新たな行動様式を生み出すように促すプロセスである」

どちらも、焦点はリーダーよりもフォロワーに当てられています。リーダーシップとは端的にフォロワーシップをどう涵養し調達するかの工夫と努力だからです。参謀型リーダーの仕事、卓越者リーダーの働きがまさにそれです。

もう少し敷衍します。権力行使は、人間を物的資源として捉える「機械論パラダイム」の発想に繋がっています。一人ひとりの生きた人間の集団現象である企業の経営にはそれはもともとなじみません。経営に相応しいのは、むしろ成員メンバー一人ひとりの〝いのち〟の営みに直接関わっていくことに主眼を置く「生命論パラダイム」です。人間が複数集まって行う諸々の集団現象はそれ自体が生命現象であり、その典型が企業経営です。そこにあるのは「生」の営みであり、そこに貫徹しているのは「生」の論理です。その「生」の論理をリードしていくのが本講で言う「生」リーダーシップの体現者、すなわち卓越者リーダー、参謀型リーダー、統摂型リーダーです。彼（彼女）らは、権力の対極にあって〝いのち〟の営みをどう繋ぐかにつねに腐心する者たちだからです。

最後に、卓越者とは誰かについて付言しておきます。

卓越者とは、衆のなかにあって、衆と共に歩みつつ、衆を一歩超え出る者のことです。あくまでも衆に軸足を置きつつ、自ら衆の一員であることの自覚をもって、さらによりよき自分であろうとして、いわば自己なる存在の極北を目指して、日々さらなる一歩の努力を怠らない者、それが卓越者です。超越的高みに身を置いてそこから権力・権威を衆に向かって揮おうとする者の対極にあって、むしろ衆がその人のためなら支持と支援を惜しまないような存在たるべく自己反省と他者顧慮を怠らない、そのような存在者です。ですから、卓越者には入社年次とか年齢あるいは性別などは関係ありません。誰でもが卓越存在たりうるのです。卓越者とは誰か、そうです、それは「あなた」です。

では、その卓越者リーダーによって形成される組織体制とはいかなるものでしょうか。権力中枢からの指令やピラミッド型の一方向的支配関係からもたらされる統帥的管理体制（たとえば軍隊組織のような）ではなく、また、さまざまな知が輻輳するなかでおのずと秩序が形成されるような不確定的開放体制（たとえば趣味サークルのような）でもなく、いわばそれを超えた、卓越者リーダーたちによっておのずと形成される「卓越者の階等序列」が組織全体を一体的に統摂していく、そういう組織体制です。そこに働いているのはリーダーシップというより、むしろフォロワーシップ、サポーターシップ、あるいはコミュニティシップと言えるかもしれません。つまり、メンバー全員が「卓越性の位階秩序」に則って互いに相手をサポートしあい、それによって役職制度や資格制度などの具体的な「卓越者の階等序列」がよりよく具現化され、機能するよう互いが協力するのがそこでの基本です。

では、そういう卓越者リーダーによって担われる参謀型リーダーシップとはどういうリーダーシップでしょうか。「まえがき」で述べたことと一部重複しますが、ここでは半藤一利氏の定義を参照しておきます（『日本型リーダーはなぜ失敗するのか』〈文春新書〉一四一頁参照）。同氏によれば参謀型リーダーとは、

①　指揮官の頭脳を補うことができること。具体的にはリーダー（統帥）の計画立案や決断のために情報を集め分析し、公正な判断を下し、適切な助言を行うこと

②　組織の末端まで（統帥の）方針を徹底させること。さらに各部署でうまくいっているかを確認すること

③　将来の推移を察知する能力を有すること。行動開始後に、適切にリーダー（統帥）を補佐すること

です。ここに、参謀型リーダーはすべからく「関係的自立」存在であるべきことが説かれています。上下左右の「関係性」に十分に目配りしつつ、そのなかで自己の職責を「自立性」をもって十全に果たすこと、です。

組織には緊急に対処しなければならない危機的異常事態はつねに起こりえます。そのときは、権力を一極に集中して組織を挙げて危機対応をしなければなりません。リスク・マネジメント、エマージェンシー・プランなどがそれです。そのときは統帥型リーダーによる権力行使的対処も必要ですが、本講ではそのような非常時的リーダーシップには立ち入りません。本講が主題的に取り上げるの

は、もっぱら平常時の参謀型リーダーシップのあり方です。しかし、考えてみれば参謀型リーダーの働きはどんな組織の、どんなときのリーダーにも共通して求められる働きです。そういう意味では本講の内容は参謀型リーダーだけでなく、統帥型リーダーを標榜しておられる方にも何らかの参考にはなるはずです。そういう意味で本講を「広義のリーダーシップ論」として聴いていただけるとありがたいと思います。

何はともあれ、本講がこれから世に出ていかれるみなさんに、そして現にいろいろの分野でリーダーとして活躍しておられるみなさんに（男女を問わず）、少しでもお役に立てればと願っています。

第一講

資本の原理

本論に入る前に、その前提として企業組織が等しく則らねばならぬ「資本の原理」について考えてみます。

資本主義社会には当然のことながら資本の原理が働いています。組織のリーダーたる者は、その原理を踏まえ、その埒内で思考し行動するほかありません。

駆動原理と制御原理

では、資本の原理とは何か。ここでは、駆動原理と制御原理の二つに整理して考えることとします。駆動原理とはひと言で言って、利潤動機による資本の自己増殖原理です。利潤の極大化を求めて資本はどこへでもグローバルに自己展開していきます。資本にはもともと国籍がありません。生産拠点や研究開発部門はもとより、ひいては本社までも海外に移したりします。

その資本の自己増殖原理が暴走しないように歯止めをかけるのが制御原理です。制御原理は大括りすれば資源関連と環境関連に分かれます。資源は無限ではありませんから資本は資源開発、省資源・省エネに力を入れます。しかし、それによる科学技術の進歩がまた利潤動機を刺激してかえって駆動原理に新たな拍車をかけることにもなります。

環境には自然環境、社会環境、文化環境などがあります。これを痛めつけ破壊しては資本そのものが存立不能となりますから資本は環境開発、環境修復、環境保全のための制御原理を自らのうちにビルトインしています。しかし、最近では制御原理であるはずの環境関連投資がむしろ資本の駆動原理を主導するようになってきているのはみなさんご承知の通りです。

制御原理をすら駆動原理に取り込んでいくこの資本の論理（の行き過ぎ）がいまあちこちで問題になっています。両者の間に本来あるべきバランスが崩れて全体が駆動原理へと傾斜し、ために制御原理が十分に機能しなくなっているのです。たとえば、原子力発電事故がそうです。制御原理について十分な知見・経験を欠き、制御装置が不十分なまま駆動原理・駆動装置だけが独走している感があります。あるいは、繰り返し発生する金融危機もそうです。駆動原理だけが暴走してついには得体の知れないペーパー金融商品を作り出してしまうこともかつてありました。これからも形を変えて起こりうることです。あるいは、いまさまざまな形で問題化している家族・家庭の崩壊現象も考えようによってはその症例の一つです。資本の歪んだ駆動原理が本来なら制御原理として働くはずの人間的・社会的・文化的資源までをも食いつぶそうとしているのです。

別に新たな問題も浮上しています。それは人間の身体が体外に装着されたコンピュータ・システムにサポートされて、そこにこれまで見たこともないような「人造」人間、あるいは「人工」社会が創出されようとしていることです。これを人知のさらなる次元的拡張と見て駆動原理へ取り込むのか、あるいはそこに近未来社会の恐ろしさを見て適切な制御原理を新たに案出するのか、慎重な判断と繊細な感性・想像力が求められています。

いずれにせよ、駆動原理と制御原理の間にあるべきバランスについて健全な良識が働かなくなったら、資本主義社会ひいては人類社会の未来は暗いものとなりましょう。そういう意味では、いま人類の英知が試されようとしている、少し大袈裟な言い方をするなら、資本主義はいま文明史的転換期を迎えようとしているとも言えます。では、そのためにわれわれはいま何をなすべきでしょうか。

たとえば、サブプライムローンの破綻に端を発したリーマンショック後の不況の根因はどこにあったのでしょうか、簡単に言ってしまえば、余剰資金は偏在的にだぶついているのにそれを向けるべき先が見つからない、それゆえに目先の利を得べくそれが投機的金融商品に向かった、というところが衆目の一致するところではないでしょうか。では二度と同じ間違いを繰り返さないためにどうすればよいか、道に迷ったときは原点に帰ってみるのが最善です。

資本主義が依って立つ幻想

資本主義はいくつかの幻想（幻想が言い過ぎなら前提と言いかえてもよいですが）の上に成り立っています。

一つは、地球のキャパシティは無限だという幻想です。この幻想は環境汚染問題、資源エネルギー問題、人口爆発、水資源枯渇、食糧危機、等々を持ち出すまでもなくすでに破れています。したがって、これから余剰資金を振り向けるべき先としてまず挙げられるべきは地球環境を修復するような、少なくともこれ以上地球に負荷をかけないための環境投資でなくてはなりません。たとえば省エネ・

省資源・資源リサイクル技術開発、環境修復技術開発、およびそれらをまとめて知価資源化する国家政策や企業戦略などがそれです。環境投資が資本の駆動原理に取り込まれるのは承知の上で、あるいはそれを逆手に取ってそうするのです。

二つには、「神の見えざる手」に導かれて予定調和が実現するという幻想です。産業資本主義の時代においてもすでにそうでしたが、今日のように金《かね》がバブル的に自己増殖する金融資本主義の時代ではなおさら、予定調和的なバランス回復は破局的な調整局面まで行き着くことなしには実現しようがありません。日進月歩の技術革新も相まって、むしろ予定調和の破綻状態こそが世の常態となっているのが現代です。これには自己増殖的バブルの因となる投機的取引の規制、公正な情報開示、あるいは地球的規模での富の平準化機構の創出、政策当局の世界史的知見をもとにした適切な諸施策など、「神の見えざる手」を「人為の見える手」に一部でも取り戻す英知が人類に求められます。いろいろと国際金融取引上の規制などが試みられてはいますが、人類は未だその英知に達していません。いまは、各人がそれぞれの立場で英知を働かせるしかありません。

三つには、付加価値計算至上主義の幻想です。これまでは、ものを生産すればそれはすべて付加価値の産出としてプラス・カウントされる（生産されたものはすべて購入され消費され、そこに利潤が生まれる）という前提で諸々の経済活動が営まれてきましたが、それが可能だったのは、市場がつねに拡大しつづけたという事実のほかに、たとえば、生産物の最終処理コストを製造原価に算入せずにその負の価値部分を将来世代につけ回ししてきたという事情もあったからです。原子力発電がその典型例です。これには先に述べました省エネ・省資源等の技術開発、その知価資源化政策と並んで、リサイクルコストや最終処理コストを現役世代が適正に負担する社会会計システムの構築や、それを織り込んだ価格決定方式が創案される必要があります。３・11以降やっとそれが具体的検討段階に入りかけていますが、まだ先行きは不透明のままです。人類的英知が試されていると言えます。

このほかにもたとえば、ジェンダー規範や家父長制的家族規範、あるいは長時間労働を是とする労働観など、いくつもの幻想を挙げることはできましょうが、これまで資本主義体制を支えてきたそれらがすでに破綻ないしは大きく揺らいでいるいまこそ、資本主義に文明史的転換をもたらすような新たな「資本の原理」（あるいはその修正）が求められていると言ってよいと思います。それには経済学も原点に帰ってその本来の人間の学としての「政治経済学」「道徳経済学」へと回帰する必要がありましょう。つまり、公正な第三者の立場からつねに自分を見つめ直すことのできる公徳心の復活、その公徳心によって公共的意思決定に参画できる経済主体の鍛え直し、多様な政治経済主体によって担われる真のガバナンスの確立、その上での地球的・歴史的視点に立ったサスティナブルエコノミーの創成などです。たとえそれが永遠に未完のプロジェクトであったとしても、われわれはそれに挑戦しつづけていくしかありません。

このことはわれわれ一人ひとりの生き方にも深く関わります。わが国の歴史をひもとけば、それまで蓄積した余剰をその時代の要請に即して、つど新たな文化の創成に振り向けてきた歴史と総括できると思います。大雑把に言って、古代は別にして、平安時代は貴族（王朝）文化、鎌倉時代には宗教文化・武士文化、室町・安土桃山時代は芸能文化、江戸時代には庶民文化、そして明治・大正・昭和にかけては科学技術によって開花した生活文化でした。ならば、平成のいま、新たに産出した余資を振り向けるべき先はどこなのでしょうか。

それは衆目の一致するところ、教育・医療介護・芸術・宗教などに関わる精神文化ではないでしょうか。地球にやさしい、人類に安らぎを与えるような生活文化の創成、わが国がその面で主導的役割を果たせるなら、われわれにとってこの二十一世紀もまた生きるに値する世紀となりましょう。

本講で言う参謀型リーダーとは、資本の駆動原理と制御原理の間をバランスよく調停できるリーダーのことです。駆動原理を資本の「自立性」の働き、制御原理を資本の「関係性」の働きと捉えるなら、資本主義がいま問われているのは、資本それ自体の「関係的自立」のあり方です。それ自体が「関係的自立存在」である参謀型リーダーの役割はそこにあります。

なお、前記のような英知的存在者、文化価値創造主体としてのリーダーのことを本講では卓越者リーダーと呼びますが、参謀型リーダーは同時に卓越者リーダーでもあります。つまり、リーダーたる者は、企業内部に閉じられたリーダーであってはならず、歴史的にも文化的にも広く社会と積極的に関わっていける卓越的リーダーでなくてはなりません。つまり、参謀型リーダー＝卓越者リーダー、これが本講がみなさんに伝えたいメッセージです。

第二講

生命論パラダイム

「生命論パラダイム」という、たぶん、みなさんにはなじみのない言葉を開講早々に使いましたので、ここでその解説をしておきます。

「生命論パラダイム」とは何か

「生」の営み、「生」の論理に求められるのは、要素還元主義的な機械論的世界観とは対極にある、生態系の生成発展・相互作用に焦点化する生命論パラダイムです。生命論パラダイムとは何かについて、いくつかの論述を例に引いて説明します。まず引用するのはマトゥラナ、ヴァレラです（マトゥラナ、ヴァレラ『オートポイエーシス』〈国文社〉）。


「組織は要素に還元できない。要素間の相互作用の結果生じることの意味は組織が決定する」

「組織は決まった役割をもつパーツの集合ではなく全体として機能することを通して特殊な機能をもつパーツが出現するのである」

「生物が生みだす現象は、その構成要素の性格ではなく、その組織のなりたちかたに依存している」

「要素の特性を構成し決定するのは相互作用のネットワーク全体である」

「組織の振舞いは組織の状態変化のことであり、組織に加えられた状態変化によって内部構造を維持する組織特性のことである」


——部分と全体の相互作用を通して組織特性が形成されていく生命論的機序を端的に物語っ

ています。組織の内部構造変化と組織の状態変化および組織の状況適応とは一体であって、その相互作用のネットワーク全体が組織の成り立ちを決めるのです。

次に引用するのは、イリヤ・プリゴジンです（イリヤ・プリゴジン『混沌からの秩序』『確実性の終焉』『存在から発展へ』『複雑性の探究』〈みすず書房〉）。

イリヤ・プリゴジン（一九一七～二〇〇三）は、「散逸構造論」で一九七七年にノーベル化学賞を受賞したベルギーの物理学者です。その「非線形複雑系」の考え方は物理・化学領域のみならず人間組織や社会構造を理解する上でも有効とされています。ともに生きた生命現象だからです。

「非線形性は物理・化学・生物・生理および社会問題にいたるまで、ごく一般に見られる現象である。それを拡大適用することは無謀な企てに見えるだろうが、このような手順は模型化の方法の中心に位置する」

「われわれが住むのは、成長したり減衰したりする多様な揺らぎの世界である。このような揺らぎは、不安定熱力学の特徴的レベルで生じる揺らぎの基本的特徴からの巨視的現れなのである」

「時間の流れは、巨視的レベルで増幅され、生命のレベルでも、最後には人間活動のレベルで増幅されていく。あるべきレベルから他のレベルへの移行をもたらすものについては、ほとんど何も分かってはいないが、しかし、少なくとも動力学的不安定性に根差した自然についての無矛盾な記述は得られたのである。生物学と物理学から提供される自然記述は、いまや歩み寄り始めている」

「創発しつつあるのは、決定論的世界と偶然性だけからなる恣意的世界という二つの人間疎外的な描像の間の中間的記述である。世界は法則に完全に支配されているものではないし、世界はまたまったく偶然に支配されているわけでもない」

「いまやわれわれは組織化の動力学的起源や、複雑性の起源の動力学を理解し始めているのである」

「われわれは、いま新しい地平、新しい問題、新しい危険を見いだしつつある特権的時期に生きているのである」。

――物理・化学現象を社会事象である企業組織論に適用しようとする、このように一見「無謀と見える企て」も、常軌的意識にとらわれがちなわれわれの意識に相転移的な変革をもたらす一つの模型化の試みと言えます。

――生命論パラダイムによる企業組織論、すなわち「生」リーダーシップ論の可能性もそこに開かれます。法則性に支配されるのでもなく、偶然性に支配されるのでもなく、その中間にあって不断に動力学的発展を遂げていく人間組織（それは不安定熱力学の巨視的現れと見なしえます）の新たな地平です。

経営論、リーダーシップ論の文脈での生命論パラダイム

以下では、プリゴジン博士の論述を経営論、リーダーシップ論へと読み替える、多少「無謀と見え

る企て」を試みてみます。

「生命システムとは、細部まで厳密には規定されておらず、複雑なダイナミクスをもって全体が調律され、そのなかで部分が互いに同期的に自己調停しつつ自己生成し、全体として自己保持・自己増殖させていく能力を有するシステムのことである」

「我々が住むのは、成長したり減衰したりする多様なゆらぎの世界であり、その非平衡不安定な状態における個の自由な振舞いから全体の秩序が創発されてくる過渡的場所にこそ最高の可能性と生命論的豊穣さを見出すことができる」

——つまり、生命論パラダイムは、「すべての物事は、多数の要素が複雑に相互作用しあい、自己組織化しつつある全体プロセスの自己表現にほかならない」との理解のもとで、生命・非生命、自然科学・人文科学の隔壁を乗り越えてその適用範囲を広げます。そこでは、「非平衡性、非線形性、ゆらぎ、自己組織化、相転移」などの動的特性を組織エネルギーとして内包しているような「開かれた創発的組織」を前提に理論が構築されることとなります。すなわち、生命論パラダイムによる経営論では、「集権的な管理手法ではなく、第一線の豊かな感性・情報感応力・知の創発効果に最高の価値を置く」経営が主流となります。

「部分間の巨視的相関を通して巨視的な空間パターンが出現し、コヒーレントな非平衡相転移が系全体に行きわたる中で、系は漸近安定性をもった軌道に沿って履歴現象（ヒステリシス）を描きつつ、有限次元相空間に埋め込まれた有限次元アトラクターへと収束していく」

「多くの解が存在し、複雑な分岐現象があり、初めのランダム分布している空間から出発しながら、やがてこれらの巨大な相互関係の集合の中から特定の配列が選び出され、さまざまな組織化されたパターンが現れ、その中から新しい活動が次第に増大して系全体が安定する」

——企業組織の起動〜成長〜発展のダイナミクスにもここに記されている原理が作動しています。つまり、全体を視野に収めた上で、各部署が相互に一致協働（コヒーレンス）するなかで、軌道安定性（ヒステリシス）をもった秩序が自己求心的（アトラクター）に形成されていきます。

——生命的組織にあっては、最初はランダムな分岐現象から出発しますが、やがて各組織部署の相互協働によって最適配列・最適行動が選択（セレクター）され、それを通してさまざまな組織化されたパターンが組織内のあちこちで発現し、その相関のなかから新たな活動が育っていき、系全体が安定的発展軌道へと乗せられていくこととなります。

プリゴジン博士の理論を以下では特に、生命論パラダイムに即した「生」経営、「生」リーダーシップに関連させて読み解いていきます。

「部分と全体の間のフィードバックによる空間—時間の修正によって、外界からの攪乱に対して構造安定性を高めつつ、また空間の限られた領域内で活性を上げながら、系をより進んだ進化へと導く」

——企業組織がさまざまな困難や混乱を乗り越えていくなかで、構造安定性を高めつつ進化していくのは部分—全体間調停、時—空間修正のフィードバック機構によってです。この組織現象のことを本講ではオートポイエーシスと呼びます。われわれが活力ある日常生活を営む際にも同じ機制が働いています。


「非線形複雑系が分岐安定点を超すと巨視的過程に時間—空間的にコヒーレントな振舞いを起こす新しいタイプの自己組織化が発現する」

「この新しい構造はエネルギーと物質の流れを伴った、平衡から十分遠い状態においてのみ維持される」

「平衡からの距離と非線形の二つが系を秩序状態に導いていく源泉である。この分岐不安定性によって発現する秩序状態を、平衡構造と区別するために散逸構造と名付ける」

「散逸構造とは対称性の破れ、多重選択、巨視的範囲にわたる相関によって特徴づけられる状況である」

「この新しい秩序の出現は、基本的には巨視的な〝ゆらぎ〟が、外界とのエネルギー交換の結果、安定化されることに由来しており、この〝ゆらぎ〟が増幅されることによって非平衡系に自己秩序化がもたらされる」

——活力ある組織はもともと非平衡非線形の複雑系（つねに自己革新体制ができている状態）です。それが一定の臨界点（分岐安定点）を超えると多重選択が可能な構造安定性をもった新たな秩序状態へと自励発展します。つまり、組織が大きな環境変化に遭遇しても柔軟に対応して生き延びることができる状態です。この組織現象のことを本講ではホメオスタシスと呼びます。言いかえれば、組織はさまざまな困難や異例事態を乗り越えることでその頑健性を増していきます。

——これを〝ゆらぎ〟を通しての自己秩序化・再秩序化と呼びます。本講でエマージェンスと呼んでいるのはこの〝ゆらぎ〟のことです。その不断のプロセスが企業組織なのです。ここで言う秩序化とは、外界とのエネルギー交換によって〝ゆらぎ〟が安定的に増幅していき、それによって賦活される各部署における創発的活性によって、組織全体が動的安定秩序を実現していく状態のことを言います。

「系は安定な挙動も不安定な挙動もできる。系が時間発展していくヒステリシス的経路は一連の安定領域と一連の不安定領域とを通過していく。安定領域では決定論的法則が支配している。不安定領域は分岐点近くにあり、そこでは系が複数の未来の候補の中から一つを選択することができる。決定論的性格と分岐点近くで状態の選択をする乱雑な〝ゆらぎ〟とは不可分に結びついている。この必然性と偶然性の絡みが系の歴史を形成している」

──企業の経路発展は、安定性と不安定性、必然性と偶然性、決定論的作動プロセスと選択的意思決定プロセス、これらの領域が絡み合う〝ゆらぎ〟のなかで進行します。単線的・直線的な発展はありえたとしても、それは短期間かつ局所的です。

「進化の基本的機構は、探索の機構としての分岐と、ある特定の軌跡を安定化させる相互作用の選択との間のゲームに基づいている」

「状態変数値からの絶えざる偏移＝ゆらぎが内在的動力学の一部となって、系自身の自己組織化と自発的発展が生まれる」

「非線形複雑系では初期条件の微妙な変化や、環境条件の変化によって異なった種々の現象が周囲に波及し、空間的パターンや時間的リズムの形で巨視的スケールの自己組織化現象をもたらす。また分岐や多重解の選択を通して異なった振舞いのモードの間を移転する能力をもっている」

「状態から逸脱しようとする局所的な小さい出来事は直ちに発生する反作用によって必ずしも消去されるとは限らず、その代わり、系によって受容されさらに増幅されることもある。その結果、局所的な小さな出来事が革新性と多様性の源泉となりうる。この適応性こそが非平衡複雑系が平衡系と似ても似つかないような新しい状態へ分岐していくことを可能にする源泉である」

──ここに記述されているのは、企業の進化、揺らぎを通しての自己組織化、状態空間のなかでの自己革新的適応などの生命論パラダイムによる組織原理です。探索と選択、分岐と移転、受容と増幅、変化と適応、これらの間の動的な作用・反作用が組織が不断に革新されていく源泉です。小さな揺らぎ（分岐や多重解の選択）が新たなパターン、リズムの創成を通して組織の革新性・多様性・適応性の源泉となるのです。

「反応系では、対称性を破る分岐において、内在するフィードバックを通して小さな摂動やゆらぎの効果を増幅することによって局所的暴走現象をもたらす。拡散はこれによって生じた不均質性をならす傾向をもつ。しかし拡散速度と反応速度が同程度になると非均質性を消しさることが十分できなくなり、その結果として空間的パターンが生じる」

「均質であった媒質内に空間的パターンが出現するためには、ゆらぎの拡散速度と系の反応速度のバランス、系のサイズなどに一定の条件が必要である。この条件が満たされないとゆらぎは拡散・消滅し、系は平衡化する」

「対称性の破れへと至る転移を経て、新しい性質をもった秩序が生み出されるプロセスが生命に関する現象の重要な特徴のひとつである」

——対称性の破れや分岐は、局所的暴走を生む契機ともなりますが、それは同時に拡散と反応を通して組織に新たな空間パターンを生み出し、場合によっては、それが組織に相転移的発展をもたらす契機ともなります。つまり、拡散速度と反応速度のバランス如何によって、組織にはユーフォリア的暴走現象が起こったり、あるいは逆に不活発な停滞に陥ったり、あるいは逆に、その同じ要因が新たなパターン形成を通してダイナミックな発展のチャンスともなったりもします。「生」リーダーシップにとっての問題は、いかなる状況にあっても、組織内部に分岐・増殖・拡散・破れ・ならし・転移、等々の自励発展の契機がどう内包されているかを見分け、それを育てることです。

「ゆらぎによる平衡釣り合いからのズレで系が臨界次元を超えると、巨視的領域に亘って空間的コヒーレンスが確立する」

「自己触媒的作用、自励振動的振舞いの推移により、部分同士の間に明確な位相関係を保ちつつ、協調的な空間相関＝コヒーレンスが系全体に広がっていき、系は新しい状態へと遷移する」

「不可逆的不均質性自身が選択の原因となって空間的に非対称な情報に富む物質の形が形成される。この不均質性が情報伝達のプロセスを生む源泉となり、相互の位置情報を伝達しあって、一種の座標系を系内に提供することになる」

「状態空間の場における内在的な空間微分や濃度勾配による空間対称性の破れた状態の出現は周囲の媒質へ中継され、フィードバックによって系の振舞いを活性化する」

「不安定性の臨界点に近づいた極限では、系の振舞いは長距離相関という予期されなかったような現象を起こす」

「系は巨視的な部分系が互いに独立に変動するのではなく、互いに長距離相関をもって結合した振舞いを示す」

「短距離相互作用による活性化現象と、長距離相互作用による抑制の役割、およびそれらの非線形相互作用＝フィードバックが形態形成、秩序構造の出現に重要な役割を果たす」

――これを少しく敷衍すれば次のようになります。

――言われていることの一つは、系（組織）が相転移的進化を遂げるのは、平衡釣り合い（対称性）が破れる臨界点を超えるときだということです。したがって「生」リーダーシップにとって大事なのは、その臨界次元を見落とさず、場合によっては意識的にそれを作り出すことです。〈系が平衡釣り合いの保てる臨界次元を超えると、その時点で系自身が備えている自己触媒的励起作用によって、系に協働的な空間相関（コヒーレンス）が生じ、そこから系は新しい位相へと遷移していく〉というのは、そういう組織原理のことを言っています。

――もう一つ言われているのは、組織に秩序や構造がもたらされるのは、各部署や業務間の情報位相差を情報伝達と情報共有によって平準化するプロセスによってだということです。したがって「生」リーダーシップにとって大事なのは、〈長距離相関（制御機構）と短距離相関（活性化機構）の非線形相互作用を通して各部署が互いの位置情報を伝達しあい、座標系全体に情報の微分的濃度勾配を生み出し、それが活性化フィードバック作用となって組織に秩序構造をもたらす〉ように、情報伝達のフィードバック機構をうまく組織にビルトインして、それを効果的に作動させるよう工夫することです。この組織現象のことを本講ではシナジェティクスと呼びます。

――要するにこういうことです。揺らぎによる平衡からのズレで組織は活性化されますが、それは同時に組織にコヒーレントな相関秩序をもたらす制御機構をも内発させます、この活性化機構と制御機構の間の複雑な相互作用から秩序ある位相空間が出現します。揺らぎの活性化作用と、そこから生まれる制御機構、この両者の間の相互作用を通して組織はより強靱な秩序体へと進化していくのです。ここに「生」リーダーシップ論のポイントがあります。第一回講義の「資本の原理」でお話しした、資本の駆動原理と制御原理もこれに関連します。

「非平衡定常状態を維持するためには、内部で生成されるエントロピーと等量の負のエントロピーを系に不断に供給しなければならない。平衡から非平衡へ漸次移行するとき、エントロピーは連続的に滑らかに減少する（負のエントロピーは増大する）、この拡散の中の物質の流れの逆転（＝能動輸送）によって、形態形成場の中を形態形成因子が伝播し、位置情報が形成され、情報の位相勾配が確立し、空間パターンが生まれる」

――組織活性化のためには、組織にはつねに新しい情報資源が注入（これを負のエントロピーの能動輸送と呼びます）され、その場が非平衡状態に保持されている（情報勾配が成立している）必要があります。そうすれば組織にはおのずと形態形成因子（たとえば、メンバーに共有された問題意識、あるいはその担い手）が作動しはじめ、それが伝播されて、組織は秩序化（空間パターン化）されます。

「われわれが住んでいる世界は決定論的現象と確率的現象、可逆的現象と不可逆的現象が見出される多元的世界である」
「系がおかれている条件がかわるにつれて異なった現象が隣りあわせに共存していく世界である」
「転移の重大な瞬間においては系は二者択一的な選択を行うが、そこではただ偶然だけがゆらぎの動力学を通じて選択される状態を決定することができる」
「相転移の機構をとおして系はより秩序だった状態へ発展していく」
「その後の引き続く発展がこの決定的な選択に依存するという意味において歴史性（ヒステリシス）をもつ対象となる」
「この動的現象が構造安定現象である」
「このような分岐限界点が常に出現する頑健さを系がもつとき、その系は構造安定である」
「状態空間の探索に必要とされる革新的要素が系に与えられ、長距離相関によって巨視的領域と時間間隔にまたがる集団的振舞いを維持する能力が系に付与されれば、それに伴って新しい現象が発生する」

「あたかも各部分がその周囲の振舞いを注視し考慮に入れることで、自分の役割を認識するかのごとく、全体のパターン形成に参加しているかのように振舞うのである」

――決定論的現象と確率論的現象、可逆的現象と不可逆的現象の隣接共存、およびその間の相互作用によって組織は不断に自己変革、自己制御を繰り返しながら、相転移的に自励発展していきます。企業の組織活動は、このように革新的要素と構造安定化能力との間で分岐限界点がつねに出現する緊張に充ちた動的なプロセスなのです。そのプロセスを通して組織は頑健性を増していきます。頑健性とは、〈あたかも各部分がその周囲の振舞いを注視し考慮に入れることで、自分の役割を認識するかのごとく、全体のパターン形成に参加しているかのように振舞う〉ことです。ここに「生」リーダーシップの要諦がすべて尽くされています。

第四講で詳しく話しますが、以上で「生」組織現象であるアトラクター・ヒステリシス・セレクター、およびオートポイエーシス・ホメオスタシス・シナジェティクスの六機制が要約されています。組織の創発的活性、すなわちエマージェンスを賦活し、組織をコヒーレントな秩序体へともたらす「生」経営論の要訣です。これらはいずれも、必然性と偶然性のせめぎあう生成的中間領域に組織状態を把持するための基本条件です。これによって、組織の生命的活性は不断に賦活されます。われわれがこれから取り上げる「生」リーダーシップ論もこの生成的中間領域に軸足を置いています。

最後にアルビン・トフラーの著作から引用します。特に解説の必要はないと思います。

「世界システムはプリゴジン的性格を帯びつつある。この構造の中ではシステムのあらゆる部分がたえず動揺している。内外の動揺が集まって起こるとシステム全体の崩壊をひき起こすか、あるいはより高次の改造をもたらす。結局のところこの重大な瞬間にシステムは決して合理的に働かない。それどころかまったく偶然まかせの動き方をするのだ。したがってその動きを予測することは難しくなり、場合によっては不可能とさえなる」（アルビン・トフラー、ハイジ・トフラー『アルビン・トフラーの戦争と平和：21世紀、日本への警鐘』〈フジテレビ出版〉）

第三講

男女共同参画社会

いま、わが国では「男女共同参画社会」が提唱されています。二〇二〇年に国の主要な分野で活躍する女性の比率を30％（たとえば、企業の管理職のなかに占める女性比率を現在の10％程度から30％に引き上げる）にしようというのが当面の目標とされています。

しかし、これが男性が支配する社会に女性が参画する割合をなにがしかアップしようというだけの発想にとどまるならさして意味あることとは思えません。むしろ、男性性原理が支配している現在の日本社会を脱構築して、そこに男女性差のない新たな人間性原理に立脚した社会をいかに実現するかということであってはじめて、歴史的に意味ある提唱ということになりましょう。ではその際、従前の男性性原理を突き崩すに新たな原理として何があるでしょうか。

機械論パラダイムから生命論パラダイムへ

男性性原理が主として立脚するのは、〝はじめに〟でも述べましたように「機械論パラダイム」と言ってよいでしょう。それは、次のような考え方に立脚します。〈全体はそれを構成する部分要素に還元できる、その部分要素を再び組み合わせればもとの全体を回復することができる〉。簡略化して言えばそういうことです。

それに対抗する新たな原理が「生命論パラダイム」です。〈全体は部分に分割できない、部分は全体を含んでおり、部分と全体とは互いに相互作用しつつ互いに相手を生成しあっていて、両者はトータルにしかもその生成プロセスにおいて捉えるよりほかない〉、このような生命論的立場は、「機械論的・制度論的枠組みのなかで生きている男性性」よりは、「〝いのち〟を産み育てる性である女性性」の方により親和的と言えます。

では、はたしていまの女性にそれを引き受けるだけの覚悟があるでしょうか。いろいろの調査によれば、女性でリーダーを志向する人は男性に比べて非常に少ないとのことです。それは女性が消極的というより、自分がなりたいリーダー像を具体的に描きにくい、そのためのロール・モデルが自分の周囲に見当たらない、というのが主たる原因ではないかと思われます。しかし、その考え方はどこか間違っています。自分がなりたいリーダー像、ロール・モデルなど、どこにもないのはむしろ当たり前であって、それは自分でデザインするしかないものです。いま下手にロール・モデルをまねすれば、かえって「機械論パラダイム」に索縛された時代遅れのリーダーになりかねません。デザインするとは、目の前にある何かを写すことではありません。心のなかにある何かのイメージをなぞることでもありません。自分のなかにまずたぎる思いがあって、日々の実践のなかでそれにいかに形をつけていくか、それを目に見えるようどう具象化していくか、その主体的自己創造プロセス、それがデザインするということです。誰かに似せて自分を磨くのではなく、抽象的な自己像に囚われて動きがとれなくなるのでもなく、新しい自分を日々創造し発見すること、この創発的日常営為がデザインなのです。まずは勇気をもって実践の一歩を踏み出すことです。

なお、デザインということに関しては、われわれがもう一つ念頭に置いておくべきことがあります。それは、デザインとはそれを受け取る人によって意味づけられ、価値づけられてはじめてデザインとなるのだ、という事実です。鑑賞者（観察者あるいは協働者）によってどう受け取られるかがデザインの〝いのち〟なのです。自分だけの思い込みや、独りよがりはデザインとは言えません。

リーダーシップには二つのタイプがあります。前から述べていますように、権力行使的な色彩の強い牽引型リーダーシップ（統帥型リーダーシップ）と、企画・調整的な色彩の強い参謀型リーダーシップ（統摂型リーダーシップ）です。強いて言えば、前者は男性性原理（「機械論パラダイム」に傾斜しています）に、後者は女性性原理（「生命論パラダイム」にウェイトを置いています）に立脚する度合いが大きいとは言えますが、いまや世のリーダーシップ論は大きく後者に傾いて来ています。女性性リーダー＝参謀型リーダー＝卓越者リーダー（本講ではそれがよって立つリーダーシップをひと括りにして、「生」リーダーシップと呼んでいます）の登場が待望される所以です。

いずれにせよリーダーになることはそんなに難しいことでもなければ、憶する事柄でもありません。考えようによっては、「生命論パラダイム」に対してより親和的な女性の方がこれからの複雑系社会にあってはリーダーとして優位な立場にあるとも言えます。特に、本講が提唱する参謀型リーダーにあってはなおさらそうです。

いま、複雑系社会と言いました。複雑系社会とは、多様性・特異性を動的に束ねつつ、その束ねのなかからつねに斬新な行動様式を臨機に、創造的に、認知フィードバック的に模索し、創出していく社会です。いまの社会で多様性・特異性を代表するのは男性より女性です。男性の特性は、どちらかと言えば一様性・平滑性・規範性・画一性の方に傾斜しています。女性はその逆です。服装、立ち居振る舞い、ライフスタイル、生活時間、すべてにおいてそうです。

女性性リーダーシップの特徴

以上を前置きにして、次回から本論に入りますが、その前に男性性原理と女性性原理について若干の補足をしておきます。

女性性リーダーシップの特徴は何よりもその包容性にあります。多様性・特異性を〈共〉的に束ねるその統摂性が特徴です。それには、主婦が主宰する家族＝家庭を例にとれば分かりやすいかもしれません。仮にそれをフェミニティ・リーダーシップと名づけることとします（対して、男性性原理に立脚する統帥型リーダーシップをマスキュリニティ・リーダーシップと名づけることとします）。

フェミニティ・リーダーシップの特質は何でしょうか。いろいろ参照すべき文献はあると思いますが、まずは私の手許にある『近代家族とジェンダー』〈世界思想社刊「社会学ベーシックス　五」〉を参照しつつ、女性性リーダーシップのありようを検討してみます。およそ次のような知見が得られます。

まず、N・J・チョロドウ『母親業の再生産』によれば、女児は母親との関係を通じて、女性特有とされる「感受性や他者への共感能力」を身につけるとされます。それに対して、男児は「分離や自律性」を軸にした自己形成を行うことを求められるため、女児のような女性性を身につけ損ねるとされます。「生」リーダーシップに求められる感受性や共感能力を身につけるには、もともと女性の方が有利だというのです。

次いで、C・ギリガン『もうひとつの声』によれば、女性はもともと「自分を取り巻く人間関係を重視し、他者への責任とケアを基準にして判断する」傾向があり、自己をケアすることから始めて、他者への責任を重視する段階、さらには自己と他者を相互に結びつける人間関係の力学への理解を深めつつ、ケアという原理に沿って自主的判断をする段階へ進むとされます。それに対して男性は、ケアよりもどちらかといえば状況裁断的な、自己存立重視の傾向が強いということでしょうか。「生」リーダーシップの根幹にはケア、つまり寄り添う（あるいは、思いやる）という論理があります。これは女性の方が得意だというわけです。

当然に、これらの男女性差を前提にする諸論議に対しては、男女差別の普遍化・恒常化に加担するものだとして、ジェンダー論サイドからの批判もありえます。求められるのは、性差を超えた生命レベルでの論議だというわけです。その点については、同書のJ・マネー／P・タッカー『性の署名』が参考になります。要は、生物学的な性差を強調しすぎて、人間としての共通性や個人差を見失ったり、性差別を温存したりしないよう留意することだと彼女らは言います。つまり、そこで求められているのは、男女性差を超えた生命論パラダイムによる人間性理解です。それまでの機械論パラダイムを生命論パラダイムへと転換させたのはルネサンス錬金術であると彼女らは言います。男性原理と女性原理を対等なものと見なし、それを超える原理として自然原理を立て、それとの共生を人類の目標としたのが錬金術だというわけです。自然の複雑さにひるまず、支配することよりも自然との共感を重視し、物事を分類することよりもその多様性を認め、単一の法則に還元できないより大きな秩序システムとして自然を捉えるのだと言います。

男女性差に関係なく、このように生命論パラダイムに立脚するとして、ではリーダーシップ論はそこでどう展開されるでしょうか。本講がこれから取り上げるテーマがそれですが、それをひと言で要約するなら、〈個々の生命体同士としての人間〉が集まって形成する〈秩序づけられた生命体としての組織体〉はどういう原理のもとで組成され機能するのか、です。もう一歩踏み込むなら、男女の性差や個々人の間にある多様な差異は認めた上で、意図的にそれをいったん括弧に入れて、むしろ「差異こそが平等の意味」そのものであると主張することで、そこからリーダーシップ論に新たな地平を開くこと、です。

男女の性差は現実にあるものと認めた上で、しかもその差異性を無関係化するとはどういうことか、それには同書のR・w・コンネル『ジェンダーと権力』『マスキュリニティーズ』が参考になります。「ヘゲモニックな男性性（男性支配の正当性を社会的に認めさせるための戦略）」が、女性性と他のタイプの男性性（「従属的な男性性」）を従属させることで全体としての男性支配を正当化（家父長制の維持と正当化に加担）している現実を踏まえるなら、両者の連携（女性一般と、従属させられている男性一般との、利害が重なりあう部分を通じての結びつき・共闘）こそが「生」の公正性へ向けた大きなうねりとなり、引いては〈機械論パラダイムによる男性支配〉を打ち破るための近道となるだろうと言います。しかし、これはあくまでも戦術でしかありません。窮極的に目指されるのは生命論パラダイムに立脚する「生」リーダーシップのありようを原理的に追究することです。

少し込み入った話になりましたが、要は、男性性と女性性の間の差異や、各個人の特異性や多様性を認めた上で、なおその上に「生」の論理に立脚して、〈共〉的関係性を形成しうる条件を探ること、本講の趣旨に沿って具体的な問題に置き換えるなら、卓越者リーダーによって担われた参謀型リーダーシップのあり方を探ること、それこそが男女共同参画社会が目指すべき論議の方向だということです。

参謀型リーダー

以上を下敷きにして第四講以下で本論に入りますが、その前に参謀型リーダーについて少し解説しておきます。

参謀型リーダーはことさらに権力を揮ったり、物事を意図的に計らったりはしません。自然体が基本です。なるようにならしめる、そのように場を設える、それが基本です。そのような参謀型リーダー（組織運営の力動主体でもあります）のあり方は、組織構造と組織機能とが相互作用しあうなかでおのずと決まります。

組織構造とは、社会環境、業界動向、そのときの景気状況などに応じて企業が取るべき（あるいは取らざるをえない）組織体制のことです。組織機能とは、その組織構造のなかで企業が展開する業務のあり方全般のことです。組織における主体（リーダー）と組織構造と組織機能の三者関係は都市とのアナロジーで考えれば分かりやすいと思います。図解すれば次図のようになります。

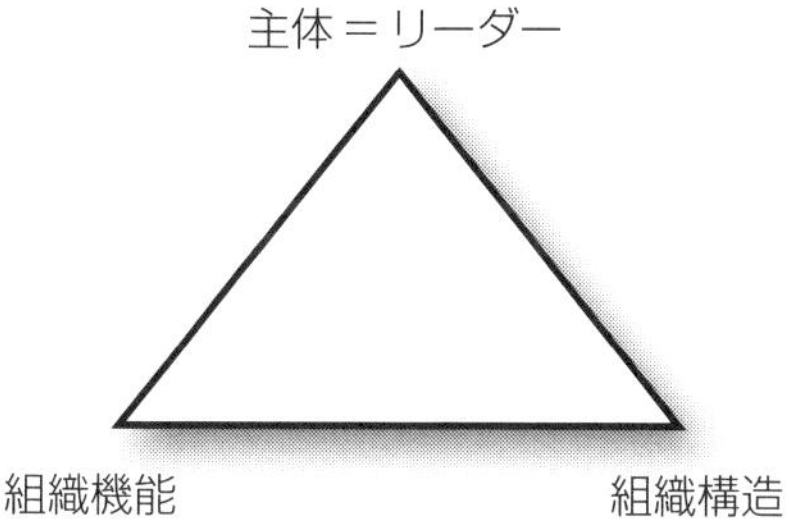

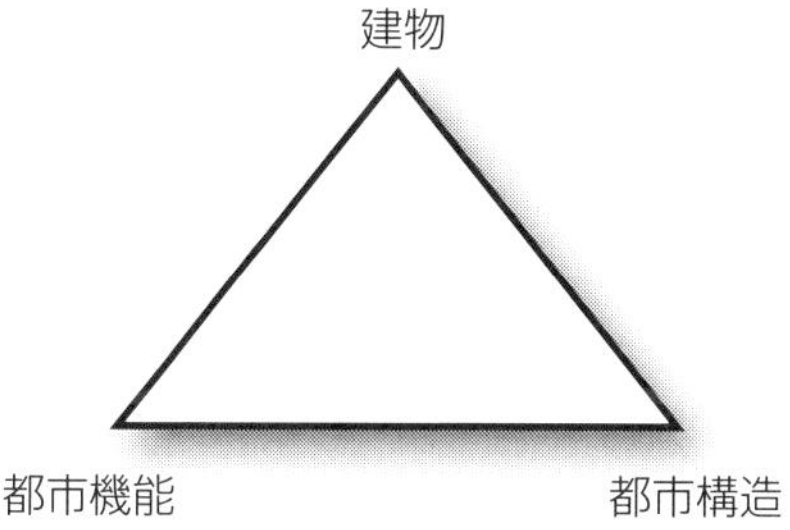

リーダーの働きとその配置如何によって組織機能が変わります。

その組織機能によって組織構造が決まります。

組織構造の画定によってリーダーの働きとその配置が変化します。

都市とのアナロジーでは、まずは建物の建築があります。そして、その配置如何によって都市機能が変容します。

都市機能によって都市構造が決定されます。

都市構造の画定によって建物の様式や配置が変化します。

その繰り返しもあれば、その逆もあります。
都市構造が変化すれば都市機能は変化します。都市機能が変化すればそこにはそれに見合った建物群が出現し、それがまた都市構造を変化させます。

人が住まうことで建物ができ、人が集住することで建物が集積し、それがやがて村・町・都市へと発展し、都市はやがていろいろの機能の複合体へと成熟していきます。そして、それらの諸機能が相補的に相互作用しあうなかで、都市は一つの秩序体へと生成していきます。予め決められた設計図がなくても自然発生的にそうなります。

組織も基本的に同じです。人が複数集まって何事かを企画・起業します。そこにおのずと役割分担ができます。組織機能の発生です。やがて組織機能は組織構造へと秩序づけられます。設計図（組織図）はあってもそれは後からつけられる説明にしかすぎません。

このような機能・構造から各都市には共通の構成要素が出現します。すなわち、パスとノード、そしてエッジとランドマークの四要素です（ケビン・リンチ『都市のイメージ』〈岩波書店〉参照）。パスとは道路網のことです。ノードとはその網の目の結節点のことです（たとえば盛り場などの情報集積場所などがそれです）。エッジとは領域・圏域を画するもの（自然条件としてであれば河川とか山や丘あるいは海岸線など、人工条件としては鉄道線路とか高速道路、あるいは巨大な工場などがそれです）、ランドマークとはそこに住む者あるいはそこを通り過ぎる者にとって自分の現在位置や進行速度を測る目印となるものです（山や丘の自然物もそうですが人工の塔、たとえば〝スカイツリー〟などもその役割を果たします）。

組織でも同じです。情報回路や決裁ルールなどは都市で言うパスの機能ですが、参謀型リーダーは自らその役割を果たすと同時に、大方はその主要な結節点に位置を占めています。エッジの役割を担うのも、ランドマークの働きをするのも大方は参謀型リーダーの仕事です。格別に計らうことをせず、おのずからなるように場を設えるのが参謀型リーダーなのです。

以上を前置きに、次講から本論に入ります。

第四講

組織のダイナミクス

以上第三講までは、本講でのいわば序論です。これからいよいよ本論に入ります。

企業組織に限らず人間が集団を作って何事かをなすとき、そこにはどんな組織原理が働くでしょうか。それは〈図1〉のような四象限座標系で示すことができます。横軸には「関係構成的活動性」（アフォーダンス＝状況判断）と「事態開削的自立性」（アブダクション＝意思決定）が配され、縦軸には湧き上がる創造的意欲（エマージェンス＝創発性）と、それが方向性をもったパワーに結束される機序（コヒーレンス＝共生的自己結束性）が配されます。

聞き慣れない言葉と思われますので、横軸から説明します。

組織原理のマトリクス

アフォーダンス（affordance＝関係性）とは、ひと言で言えば、企業組織などの人間集団が自分たちが置かれた場の状況をどう読み解くかということです（個人の場合でも基本的には同じです）。つねに状況適合的に身を処する、利用できるものは何であれ極力動員して活用する、その機序のことです。アフォーダンスという言葉は、生態学的知覚システム論者のギブソンの用語です。辞書にはこう書かれています。

「現象のさまざまな面から反射される構造化された包囲光にはアフォーダンスに対応する情報が含まれている。生物は進化の過程でこの情報を抽出することのできる知覚システムを発達させてきたと

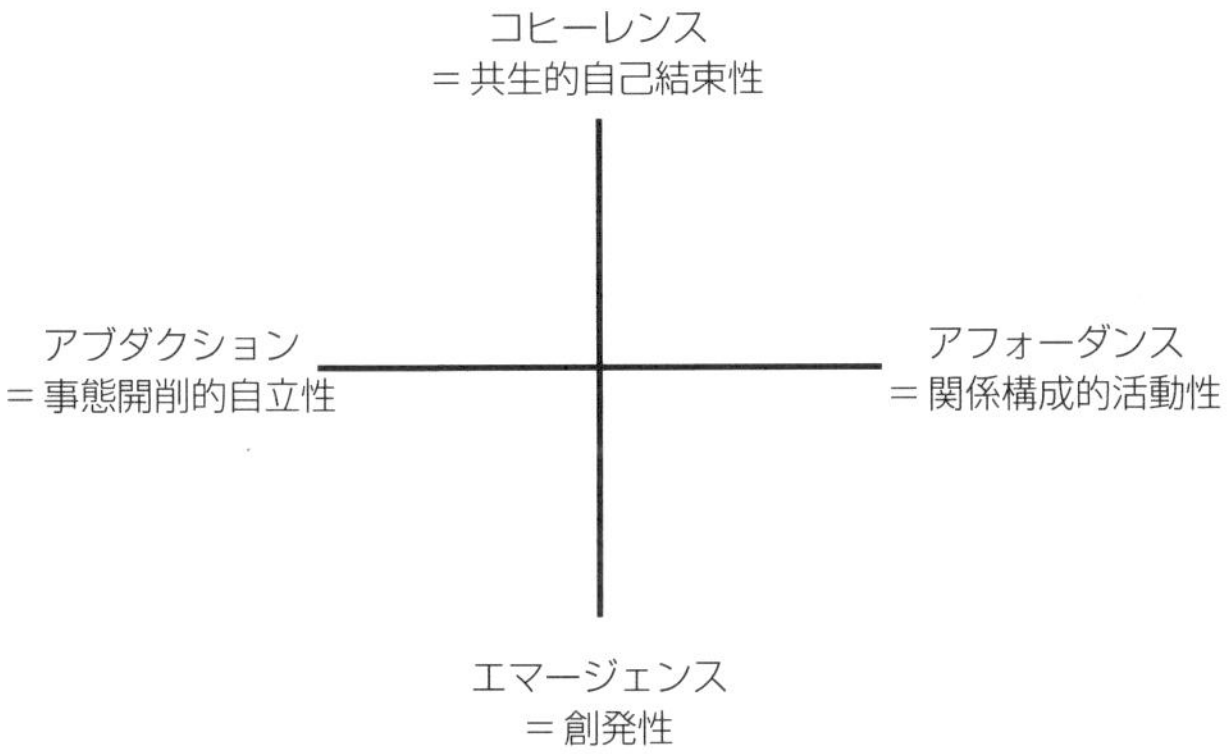

図1

見なされる。推論・解釈といった内的過程によって捉えられるのではなく、直接的に知覚されると考えられる。ただし、この直接法は知覚の受動性を意味するのではなく、むしろ知覚に備わる能動的な身体的活動により可能となると考えられている。知覚と行動が相補的という観点がギブソンの知覚論の基本である。ギブソンは、現代の認知主義の見方への原理的な次元での批判者の一人、状況の役割を強調する認知理論の創始者の一人という位置を与えられている」(『現代哲学思想辞典』〈岩波書店〉)

組織(および人間)は、環境から提供される諸々の情報や場の状況に適応し、それを活用しながら、つど自らの最適行動を編集・再編集・再々編集…しつつ生きています。本書ではその関係構成的活動性をアフォーダンス＝「関係性」と捉えます。

アブダクション(abduction＝自立性)とは、ひと言で言って、その場の状況解読・判断をもとにして自分が当面の課題とする目標へ向けてとにかく一歩を踏み出すことです。そこには与えられた処方箋はありません、覚悟を伴う意思決定によってつど事態を開削していくしかありません。

アブダクションという言葉は、プラグマティズムの創始者の一人とされるパースによって、科学的探究と方法の一つとして定式化されたものです。仮説形成、仮説的推論とも訳されます。辞書にはこう書かれています。

「パースの科学的方法論では、われわれの科学的探究は、ある仮説の必然的帰結を確定するところの演繹と、この帰結が観察事実といかに近似しているかを検証するところの帰納に先立って、それまで説明の与えられていない不規則的現象のうちに一つの仮説的秩序を見いだす過程としてのアブダクションが遂行されるとする。これは、ある所与の現象を有意味で合理的な全体として把握するために、その現象を仮構的に解読しようとする過程であり、その真理性には何らの論理的保証もないが、しかしその合理性を完全に否定することは科学的知識全体を不合理なものに帰着させることになるとされる。このような〈発見の論理〉については、現在その基礎をめぐって認知心理学的な研究が進められているとともに、工学的デザインその他の分野でその応用が模索されている」（『現代哲学思想辞典』〈岩波書店〉）

人間が何か新しいことを試み実践するときには、覚悟を固めて自分がこうと信じる道を選択しながら、とにかく事態開削的に一歩を踏み出さなくてはなりません。単なる場当たり的な決断主義や冒険主義によってではなく、また状況に流されてそうするのではなく、予め綿密に立てられた計画によってでもなく、そこにこそ人間の自立と自由があるとの確信をもってそうします。本書ではその事態開削的自立性をアブダクション＝「自立性」と捉えます。

次いで、縦軸について説明します。

エマージェンス（emergence）とは、日本語では〈創発〉と訳されますが、簡単に言えばいわゆる〈やる気〉のことです。何事かをなさんとする組織メンバー個々人の意欲、その個々人が集まった人間集団のエネルギーです。これがなければ、そもそも集団は結成されようがありません。言いかえれば、組織の活性化作用力のことです。組織を創発的活力の渦巻くダイナミクスの場へともたらす機序です。他からの強制・指示・命令がなくても組織成員各人および組織自体がそうなる機序（仕組み）のことです。

組織の創発性は個の創発からしか生まれません。創発とは湧き立つ思いのおのずからなる発露とその具現化ですから、すべてはそこからしか始まりません。組織は次々に遭遇する課題空間を切り開いていかねばなりませんが、それができるかどうかはどこまで個の創発に期待できるかにかかっています。組織が選択せざるを得ない路線と、成員各個人が選択したいと思う生き方とは必ずしも無矛盾な対応関係にはありません。両者の間には緊張があります。その緊張は相互信頼に裏づけられたリーダーシップによって解かれるほかありません。対話や説得をもってしてもそれが解かれない場合はその路線（あるいは生き方）は変更されるか、あるいは別の新たな路線が案出されるか、しなければなりません。メンバーに受け入れられない路線を（権力行使的に）押しつけては個および組織のエマージェンスは圧殺されてしまいます。

個の創発に期待できるかどうかは、個と組織の双方に関わるリーダーの気概によります。それがあってはじめて企業はチャレンジ精神の横溢する課題空間となります。エマージェンスとは見方を変えればリーダーの気概のことだと言ってもよいでしょう。

コヒーレンス（coherence）とは、組織のその活性化作用を一定方向に束ねる求心的結束力のことです。つまり、組織成員の〈やる気〉や意欲、エネルギーを一つに束ねることです。全体目標に向かって全員のパワーを結束することです。

組織活性化作用は、そのままではその場を百家鳴争の混乱に陥らせるおそれが多分にあります。強い個同士の自由闊達な活動が組織活性の源泉であり、組織発展の原動力であるのは間違いないにしても、内部で発生する摩擦熱があまりに大きいと組織それ自体が蒸発しかねません。組織としてなさねばならぬことは、成員各人の力動的エネルギーがばらばらになって散逸することのないよう、全体をベクトルの揃った共生的自己結束性へと合生させることです。

この四軸座標系の全体を座標軸原点で束ねるのが本講で言う卓越者リーダー＝参謀型リーダーの仕

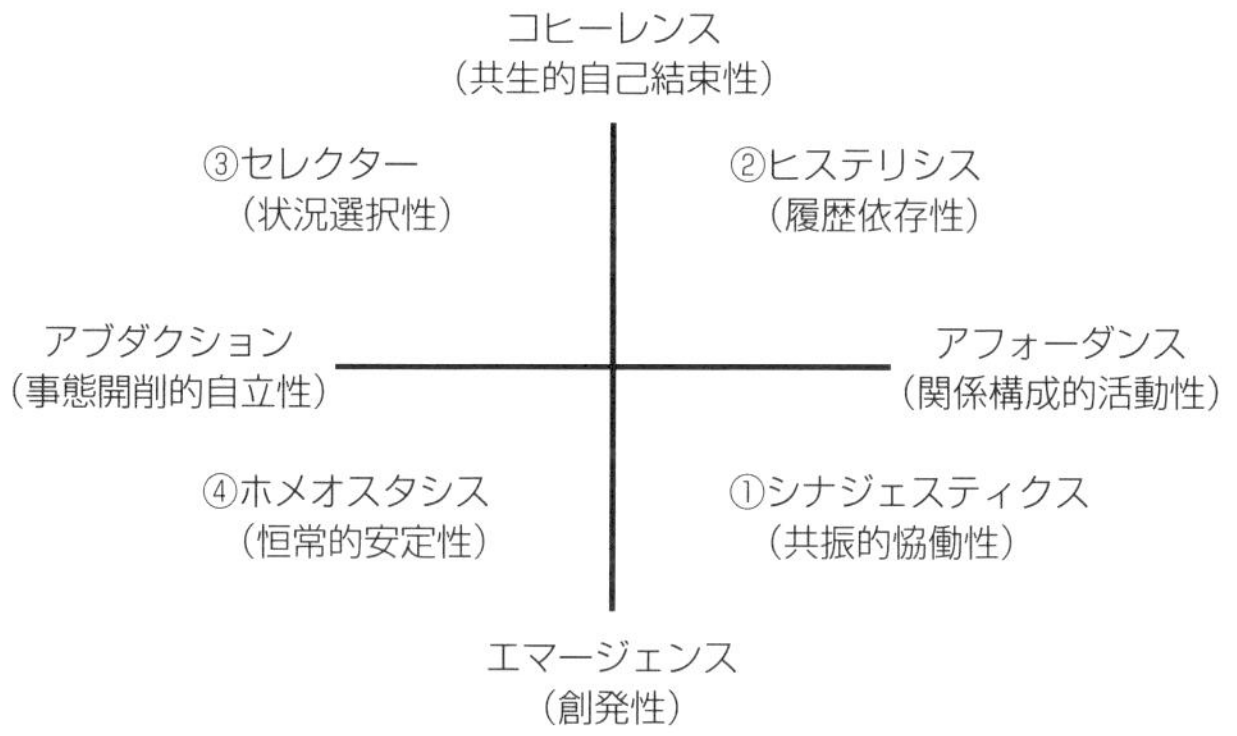

図2

事となります。

では、本図では空欄のままにしてある、縦軸と横軸で構成される四象限の各座標空間には何が配されるでしょうか。これが次の問題です。結論を先に示しましょう。〈図2〉をご覧ください。

組織の行動パターン

まず全体の構図について説明します。（第二講「生命論パラダイム」でも簡単に触れましたが、以下はその細説ということになります）。①～④の順で説明します。いずれも参謀型リーダー＝卓越者リーダーがその担い手です。

① シナジェティクス（synergetics）とは、組織成員相互の間で、および成員と組織の間で、あるいは他の組織との間で、各種の共振的協働が起こ

る組織現象のことを言います。組織内について言えば、メンバーの創発的意欲が周囲の環境条件と相互作用しあいながら、互いに共鳴・共振しあって、その場に一つの交響的な協働性を生み出す状況のことです。それによって組織はメンバー相互が互いに情報を発信・伝達・共有しあう場となります。これらは組織の枠を超え出て、幾重にも重なりあい、輻輳しあうダイナミックな関係性ネットワークを構成します。組織としての課題はそれらをいかに多様に、多彩に協調・共鳴・共振させるかです。その場をいかに協働組成的関係性の豊かな交響の場に編成するかです。それには卓越した力量が求められます。参謀型リーダー＝卓越者リーダーの出番です。

② ヒステリシス（hysteresis）とは、そのような共振的・交響的協働性が多様な軌跡を描きながら、また、さまざまに形状を変えながら、組織が置かれた状態空間のなかをダイナミックに遷移していくプロセスのことを言います。企業組織がそれを構成する各部署の変容とともにさまざまな履歴現象を描きながら生成発展するさまを思い描いてください。その履歴依存性（それまでに辿ってきた経路によってその後の進路が影響を受ける現象）のことをヒステリシスと呼びます。要するに、ヒステリシスとは内部的にも対外的にも組織に安定的な経路履歴を辿らせる組織特性のことです。それが可能なためには、そこにはよるべき組織規範についてメンバー全員の認知・納得・合意がなくてはなりません。しかも、それはみなに見えやすい形で表徴されているのが望ましい、それがなされていれば成員各人はそれを参照項にして自分の行動を経路立ったもの

に自己調整することができます。通常われわれが組織文化と呼んでいるのはその経路形成的組織特性を保証する組織規範のことです。優れた組織には規範となるべき優れた組織文化が日々生成され、それが伝統的に根付いています。その伝統となる組織文化の形成力となるのが参謀型リーダー＝卓越者リーダーです。

③　セレクター（selector）とは、上記のヒステリシス集団（遷移プロセス駆動体としての企業組織）が、新たな状況に遭遇して、つど事態開削的に働く際の、その意思決定の機微のことを言います。メンバー全員のエネルギーを結束しながら、覚悟と決意をもって、新たな状況（自らの組織状態をも含めて）を選択していくその機微です。要するに、セレクターとは組織がその経路選択、状況選択局面においてそのつどの意思決定を効果的に行っていく組織特性のことです。その経路選択的組織力能《パワー》を強化していくには参謀型リーダー＝卓越者リーダーの働きが欠かせません。力能とは、能力とそれを発揮する力量を意味します。

④　ホメオスタシス（homeostasis）とは、こうして人間の創発的意欲集団（〈やる気〉集団）が、目標に向かって事態開削的に自己展開していくに当たっては、つねにその組織内部に安定的秩序が保持されていなければなりませんが、その安定的定常状態のことを言います。言いかえれば、安定的な定常状態が保持できるよう配意しつつ、組織はつど最適な状況選択を行っていくという

ことです。要するに、ホメオスタシスとは組織が大きな環境変化に見舞われたとき、あるいはメンバーが自己の自立性を過剰に主張して場が百家鳴争の混乱に陥りそうなときに、個の自立性を最大限に確保しつつも組織に恒常的安定性を保証する組織特性のことです。そのような恒常性保持のために求められるのは、組織に本来的に備わっている生命論的な自律的自己調停能力です。参謀型リーダー＝卓越者リーダーがその役割を担います。

では、本図において空白のまま残されたX軸とY軸が交わる四象限座標系の原点には何が配されるでしょうか。

アフォーダンスとアブダクション、すなわち状況判断とそれによる状況選択（X軸）、エマージェンスとコヒーレンス、すなわち創発的意欲とその結束（Y軸）、このXY両軸が交わる交点、つまりは、組織活動の原点、参謀型リーダー＝卓越者リーダーの仕事の中心的な場、そこに配されるのは（〈図2〉では空白のままにしてありますが）、次のような事柄です。

この座標軸原点のことをここではアテンダンスと呼ぶこととします。

アテンダンス（attendance ＝企投性）とは、置かれている状況や遭遇する事態に対して、自分の身をどう晒すか、自分の立ち位置をどう定めるか、構え方をどう定位するか、つまり、自己をどう定立するかの能動的な体勢制動（対機姿勢）のことです。分かりやすく言えば、何らかの事態に直面したとき人は多かれ少なかれ緊張して精神的・身体的に居住まいを正しますが、その「居住まい」のことです。人間は「行動」に移る前に、状況や事態に対して正面から向き合う「姿勢」がなくてはなりません。「態度」を決める、意思決定する、そこには身体的・精神的「構え」「かた」があります。中古の時代、わが国ではそのことを「心ざま」「心おきて」「心たましひ」「心がまえ」などと呼んできました。その精神的・身体的「居住まい」「姿勢」「構え」のことを、本書ではアテンダンス＝「企投性」と捉えます。

アテンダンス（企投性）は、アフォーダンス（関係構成的活動性）をアブダクション（事態開削的自立性）へと結びつける媒介項・連結項としての働き、つまりその媒介機序のことです。その機序を本講では「関係的自立」と呼びます。関係的自立については補講二でも詳しく述べますが、それは人間一般の基底的存在様態です。

そのアテンダンスに配されるキーワードは、ストレンジ・アトラクター（Y軸プラス方向のコヒーレンス局面に対応）、およびオートポイエーシス（Y軸マイナス方向のエマージェンス局面に対応）の二つです。それぞれの意味するところを以下簡単に解説します。

ストレンジ・アトラクター（strange–attractor）とは、組織メンバーのパワーをそのもとへと求心的に集約・結束せしめる焦点、いわば組織の中核価値のことです。これがなければコヒーレントな秩序は生まれません。組織がヒステリシスを描きつつ、つねに適切な状況選択ができるセレクター機能を発揮できるのは、この中核価値が組織メンバーに明示されているからです。それがつまり、組織の立ち位置、構え、すなわちアテンダンスが明確だということです。

要するに、ストレンジ・アトラクターとは、アテンダンス（企投性）とコヒーレンス（結束性）とをスムーズに結び合わせる組織特性のことです。上からあるいは他からの権力行使ではなく、メンバー各人の創発的エネルギーを求心的に吸引する中心価値（ストレンジ・アトラクター）が組織の中核に打ち立てられてはじめてそれは可能になります。しかもその中核価値は、組織が置かれた場の状況に応じて、社会的・歴史的・文化的状態空間のなかを（硬直した不動の定点ではなく）自在に遷移します（ストレンジ・アトラクターのストレンジたる所以です）。成員各人のエマージェントな創発意欲をその遷移する中核価値へとコヒーレントに糾合できたとき、組織には強靭な結束力が生まれます。

ストレンジ・アトラクターとは分かりづらい言葉ですからもう少し補足します。次の解説を参照してください。

「ストレンジ・アトラクターとは、新しく登場するパターンを組織化する焦点であり、渾沌状態を脱却させる手段であり、動きに意味を与えるものである。中にはこれを組織の「魂」と呼ぶ人もいる。リーダーシップの主な仕事は、動きに意味を与えるストレンジ・アトラクターを発見し、その周りに信用という場を築くことだと信じている」（チャールス・ハンディ『企業の未来像』所収「想像のつかない未来」〈トッパン〉）

まさに、これこそが参謀型リーダー＝卓越者リーダーの担うべき役割です。

オートポイエーシス（autopoiesis）とは、エマージェントな創発意欲が四囲の状況と共鳴・共振しつつ（シナジェティクス）、組織体制がつねに安定的恒常性を保持できるよう（ホメオスタシス）、つねにそこに働いているはずの自律的な自己組織化原理のことです。他からの他律的な働きかけや、あるいは上からの超越的な指示・命令などが一切なくても、自己産出的に自らを秩序づける組織原理です。そこには組織および組織メンバー個々人の揺るぎない自己定立、すなわち明確なアテンダンスがなくてはなりません。

要するに、オートポイエーシスとは、アテンダンス（企投性）とエマージェンス（創発性）とが理想的な形で統合されるとき、組織に発現する目覚ましい自己組織化現象のことです。この自己組織性（オートポイエーシス）が組織において十分に発現すれば、誰の指図も受けずに、組織内の随処にダイナミックなエネルギー流束が自己組織的に形成されます。それは公式のプロジェクトチームであったり、私的な研究会や勉強会であったりもしますが、何よりも組織全体がそのように自励発展的に秩序づけられていく機序こそが大事です。参謀型リーダー＝卓越者リーダーの担うべき役割がここにあります。

以上を一覧表にまとめれば〈表1〉のようになります。説明の便宜上（1）〜（6）の番号を付していています。このマトリクスを本講では組織ダイナミクスと呼びます。

リーダーシップとは、〈表1〉に示した組織ダイナミクスをバランスよく賦活する組織力能《パワー》のことです。分かりやすく比喩を用いて説明します。台風をイメージしてください。

（1）台風の目に向かってエネルギーが結集されます。

（2）台風の目を中心に暴風雨圏が形成されます。

（3）周りの環境条件と相互作用しながら状態空間のなかを台風は移動していきます。

（4）それまで辿ってきた経路によってその後の台風の勢力と進路が決まります。

（5）そのとき、その場所の気象配置や地勢を読み込みながら台風の進路は刻々と変化します。

（6）強弱・盛衰はあれ、気象現象としての台風それ自体はつねに自己調律的恒常性を保っています。

リーダーシップも、このようなダイナミックな遷移態として存在し、機能しています。

（1）組織の中核的価値へ向かってメンバーの意欲を結集させます。

（2）その中核価値の周りに自己組織的に秩序が形成されます。

（3）組織内外の環境条件との間で共鳴・共振が起こります。

（4）それまでの経路履歴を踏まえながら組織は新たな歴史を刻んでいきます。

（5）そこでは適切な状況判断と選択的意思決定が求められます。

（6）その間、組織はどんな状況にも柔軟に対処しながら、恒常的一貫性のある自己を把持してい

表1

	アブダクション＝ 事態開削的自立性	アテンダンス＝ 企投性	アフォーダンス＝ 関係構成的結束性
コヒーレンス 共生的結束性	(5)セレクター 状況選択性	(1)ストレンジ・アトラクター 求心性	(4)ヒステリシス 履歴依存性
エマージェンス 創発性	(6)ホメオスタシス 恒常的安定性	(2)オートポイエーシス 自己組織性	(3)シナジェティクス 共振的協働性

ます。

以下、第五講でこの表を使って、（1）～（6）の順でリーダーシップの内実を詳しく説明していきます。

第五講

リーダーシップの内実

前講の〈表1〉をご覧ください（左ページに再掲）。リーダーシップの内実を本図を使って、（1）から順に説明していきます。

リーダーシップの内実

（1）　求心性（ストレンジ・アトラクター）

組織がコヒーレントに結束された力能《パワー》集団であるためには、そこに組織の中核価値となる求心的吸引力がなくてはなりません。部分的に多少の逸脱や不備があっても、それを内部破壊的作用になるまで増幅進行させることなく、いつでも自己価値の原点（中核価値）に引き戻すような求心力を組織がもつことです。そのためには、組織は公・私に開かれた組織、公・私が理念的に強くよりあわされた〈共〉的組織でなくてはなりません。

組織が掲げる中核価値にはその社会的公器性、すなわち社会的義務・責任の観念が含まれます。それは単にフィランソロフィーやチャリティの催しなどにとどまりません。公・私それぞれが互いを内包しあう関係（公でありつつ同時に私であり、私でありつつ同時に公でもある関係、いわば〈共〉的関係）をあらゆる組織活動のなかに作り込むことで、組織それ自体が公共的存在であることを内外に明らかにすることです。

組織の規範的統摂力は、組織成員が自らの自由な創意を組織が掲げる公共の利益、社会的義務・責

表1（再掲）

	アブダクション＝ 事態開削的自立性	アテンダンス＝ 企投性	アフォーダンス＝ 関係構成的結束性
コヒーレンス 共生的結束性	(5)セレクター 状況選択性	(1)ストレンジ・アトラクター 求心性	(4)ヒステリシス 履歴依存性
エマージェンス 創発性	(6)ホメオスタシス 恒常的安定性	(2)オートポイエーシス 自己組織性	(3)シナジェティクス 共振的協働性

任・使命に進んで供しようとする合意から生まれます。その合意を継続的に調達するためには、組織はその求心的統合性、つまりその理念的中心をつねに強化しつづけなければなりません。その求心性を担保するのが組織の規範的統摂力の発動主体であるリーダーシップです。最終的にそれを担保するのがリーダーその人です。

（2）　自己組織性（オートポイエーシス）

何事であれ最初はカオス的無秩序であっても秩序はそこからしか生まれません。起動因はつねに自らの内部にあります。外から超越的な駆動力が働くのではありません。状態空間のなかを遷移しながら組織空間それ自体が自己組織的に編成されていくのであり、それにつれて四囲の状態空間が新たな相貌をもっておのずと立ち現れてくるのです。組織空間と状態空間の間は互いに閉じつつ開かれ、開かれつつ閉じられた相互生成関係にあります。立ち現れという一点において両者は同時生起の同一事態です。ということは、次のことを含意します。

組織は、場を流れるエネルギー流束を取り込みつつそれを場へとよりよく還流させる開放系であるべきこと、状態空間のなかで開放系同士として互いに他とよりよく共鳴・共振・共生する存在であるべきこと、つまり、組織にとって独我論的立場は許されないということ、自己存立を図りつつ同時に自らが関係性構築のための条件因子とならねばならぬこと、関係的自立性が成立してはじめて自己の自立的関係性も確立できるようなあり方（その逆も）を探らねばならぬこと、などです。

組織は本来みなそのような自己言及的・自己組織的な動的安定性をもっています。問題は成員各人にそれをどこまで意識させ、日常行動化させうるかです。つまり場に開かれた自立存在として自らの行動をどう関係性構築に接続させうるかです。それができるのがリーダーシップの働きです。それによってはじめて組織は真に統摂された組織として立ち現れることができます。

（3） 共振的協働性（シナジェティクス）

そのような統摂された組織なら、近くはもちろん遠く離れている部署間でも互いに共鳴・共振しあいます。組織内の小さな揺らぎが組織全体および組織を取り巻く環境の振る舞いを一変させることもあります。あるいは、それが互いの振る舞いを規制しあうこともあります。大事なことは、そのなかで良い揺らぎと悪い揺らぎをできるだけ早い段階で見分けることです。良い揺らぎは増幅させ、悪い揺らぎは散逸させなければなりません。ただし忘れてならないのは、悪い揺らぎと思われるものも場へと散逸するなかで新たな情報を生み出し、それが良い揺らぎを呼び起こす契機ともなるという事実です。悪い揺らぎだからといってただ消滅させ、抑圧し、排除し、隠蔽すればよいというものではありません（たとえば顧客からの苦情や、社員の組織からの離脱などは貴重な揺らぎ情報です）。組織をあるべき適正空間へと遷移させるための貴重な摂動因子あるいは制御因子ともなりうるものとしてそれらは有効に活かされねばなりません。リーダー自身がそうであるように、組織も成功体験よりも失敗体験からより多くを学ぶことができるからです。

付言するなら、良い揺らぎを増幅させるための手法の一つとして組織が採用するのがベストプラクティスのベンチマークですが、何がベストプラクティスであるかは相対的であり暫定的であって、金科玉条のごとく固定化した基準に拘っていれば（言いかえれば、機械論パラダイムに依拠していては）、いつのまにかそれはワーストプラクティスに転落しないとも限らない点に注意を要します。組織不祥事はむしろそこに胚胎します。ベンチマークは自らをベンチマークすること（自己言及性）が基本になければなりません。生命論パラダイムの特徴は、その自己言及性、認知フィードバック性にあります。リーダーシップの働きは、この生命論パラダイムを組織に根付かせることです。

（4）　履歴依存性（ヒステリシス）

文化には経路依存性（文化的自己拘束性、履歴性）があります。組織も一つの文化的制度ですから、同様に経路依存性、つまり則るべき（言いかえれば逃れられない）組織文化としての履歴性があります。それは往々にして形骸化した規範（制度装置）となって成員の行動を縛ることにもなりますが、大事にしなければならないのは、そのような形式的に経路づけられた規範体系でなく、目には見えない地下水脈のような組織文化としての生きた規範体系の方です。組織に必要なのは、そのような伏流水の水脈を大事にして、そこから不断に生命の水を汲み上げ、干からびた規範体系と化しがちな組織体制（大地）をそれによって潤しつづけることです。それはたとえば、脈々と流れる創業の精神につねに立ち返ることであったり、組織文化のなかに息づいている良き伝統に不断に覚醒することです。それによって組織社会全体もまた自らの公共文化をつねに新たに再構築していくことができます。その努力はおそらく民主主義社会それ自体の活性化にも寄与するはずです。いわゆる「ソーシャル・キャピタル」と言われるものも、資本主義社会全体が依拠するこのヒステリシス総体のことを言います。組織も社会も含めて、そのヒステリシスの総体をリードしていくのがリーダーシップに求められる〈共〉的な責務です。

それは、組織のなかの人事管理についても言えることです。人もそれまでに辿ってきた経路によってその後の進路が決まります。したがって、人はみなつねに経路を正す心がけが大事です。いま自分は経路を乱しているのではないか、一時の憤怒に駆られて判断を誤っていないか、などの謙虚な反省です。リーダーにとって特に大切なのは、メンバーの進路・経路に責任をもつことです。失敗や回り道であっても、かならずやそれが何らかのプラス資産となるようメンバーを手援けすることです。何はともあれ、リーダーたる者は日々のヒステリシス的反省・戒心を怠ってはなりません。

（5） 状況選択性（セレクター）

選択性とは環境を選ぶことであると同時に環境から選ばれることでもあります。選択と被選択の緊張に充ちた相互作用は組織活動のすべての局面で見られます。組織には多かれ少なかれダブルバインドやアンビバレンツないしはコンフリクトがあります。それを解くには覚悟的選択意志による状況裁断が要ります。しかしそれは単なる決断主義であってはならず、熟慮の上での覚悟を定めた選択意志の発動でなければなりません。それには広範な状況探索能力が要ります。組織のなかには（生命体における遺伝子情報のように）さまざまな選択因子が蓄積されていて、環境が変化するとそれに応じてそのなかの最も状況適合的な因子が作動を始め、その結果として組織を新たな環境適合状態へとシフトさせるというメカニズムが働いています。それもまた組織が内包するセレクター機能です。したがって問題は、組織としてどれだけ多様な選択因子を鮮度のよい状態で保持しているか、そしてその適時の発動を可能にするメカニズムをどう保証しえているかです。情報として蓄積されているだけでは死蔵されているのと同じです。いまは不要ないしは不適切としてお蔵入りになっているような優れた企画や提案、あるいは最早参考にならないとして忘却に任されているような過去の成功体験や失敗の記録、それらをつねに新しい目で見直し、ときにはそれらをもって改めて現在を検証し直してみることが大切です。このような自己矯正力を備えた組織文化やシステムを育てていくのがリーダーの役割です。組織のこのセレクター機能を担うのがリーダーシップです。

（6） 恒常的安定性（ホメオスタシス）

生命体は自らの構造・機能を変容させることで状況変化に適応していきます。たとえば、呼吸と脈拍を早めることで血液中の酸素濃度の低下を食い止め、発熱によって体内に侵入した細菌や異物と闘うようにです。組織もまたこのような斉合的安定性（ホメオスタシス）を保持するための自己調律機能（認知フィードバック機能）を備えていなければなりません。

自己調律的にバランスを回復するための具体的仕組みとしては苦情処理制度や各種委員会などいろいろ考えられますが、生命体の斉合性維持機構が脳神経系をはじめ免疫系など身体系のすべての協働にあるように、大事なのは、組織中枢および組織各部署にあって全体バランス調整機能を普段から十全に働かせるようあらゆる機会を利用して組織点検を行っているリーダーたちの人事ネットワークです。たとえば、組織を挙げてユーフォリア（多幸感）的熱情に突き動かされていて誰もそれに違和感をもたなくなっているようなときに、あえてノーと言えるリーダーが組織中枢、あるいはその周辺にどれだけ厚く配されているかです。あるいは組織が硬直化しはじめたときに、いち早くそれに反応して自らが場全体に相転移的な揺らぎ効果をもたらす条件因子となりうるようなリーダーがどれほどいるかです。どのような声にも耳を傾け、小さな揺らぎを大きな揺らぎに増幅させることができるのが真のリーダーシップです。

参謀型リーダーシップの内実

以上のリーダーシップはみな本講が提唱する参謀型リーダーシップの典型ですが、要約すれば次のようにまとめられます。

参謀型リーダーシップとは、集団の目標や内部構造の最適適合状態を達成・維持するために、メンバーが自発的に集団行動に参画し、それを効果的に展開できるように促す働きであり、その結果、メンバーの集団への帰属意識を高め、集団の凝集性を強め、集団維持機能を強化し、メンバー間の一致協働を具体的に組成することです。ここに言う「自発的促し」「凝集性」「協働組成」には権力行使的な他律的要素はどこにもありません。あるのは、メンバー各人に関係的自立（関係的自立については補講二で話します）を促すことで、組織としての関係的自立性をいかに自律的に達成せしめるかの配意だけです。

この「自律的促しのリーダーシップ」のことを、本講では統帥的な権力行使型リーダーシップとは対極にあるものとして参謀型リーダーシップと呼んでいます。要は、メンバーのエマージェンス（創発的意欲）を最大限に引き出し、それを組織目標に向けて結束させることで、場にコヒーレントな（ベクトルの揃った）動的秩序をもたらすことです。

では、そのようなリーダーシップに求められる能力・資質はどのようなものでしょうか。つまり、

表2

	アブダクション	アテンダンス	アフォーダンス
コヒーレンス	セレクター ①思慮深さ ②行動力・決断力 ③積極性・実務能力 ④粘り強さ	ストレンジ・アトラクター ①カリスマ性 ②熱心 ③情熱 ④野心	ヒステリシス ①観察能力 ②説明・説得力 ③文化価値認識力 ④統摂力・包容力
エマージェンス	ホメオスタシス ①知性・賢明さ ②分析的・客観的 ③公正さ ④安定性	オートポイエーシス ①陽気 ②楽観的 ③献身的 ④愛嬌	シナジェティクス ①人脈の豊かさ ②コミュニケーション能力 ③共感力 ④感情移入能力

〈表1〉の組織ダイナミクスを賦活する活力源は何かです。その内実を一覧的に示せば〈表2〉のようになります。

ここに表記した各枡目のなかの①〜④以外にも、割当てられるべき事項は多々ある（たとえば、人を鼓舞する力・人を支援する力・偏見のない寛容さ・倫理的一貫性・不屈の精神・頼り甲斐、あるいは、好奇心・熱意・誠実・率直、自信・革新性、等々）と思われますが、その一々を論うことは差し控え、次講で著名な経営学者（リーダーシップ論のグル＝カリスマ的教師たち）が掲げるリーダーシップ論の概要を見てみることにします。

第六講

グルたちのリーダーシップ論

本講で参考にするのは、リーダーシップ論の三大グル（教師）と言われる、ジョン・P・コッター、ヘンリー・ミンツバーグ、そして、P・F・ドラッカーです。参謀型リーダー＝卓越者リーダーはいかにあるべきかを読み取ってください。

ジョン・P・コッターのリーダーシップ論

ジョン・P・コッター『リーダーシップ論』〈ダイヤモンド社〉（主として、第五章「上司をマネジメントする」）から要約します。

リーダーたる者は、上下左右のメンバーとの間で、その関係性を巧みに調停するのがその職分とされます。なかでも特に、上（上司ないしはボス）との関係をよく調停できるのが参謀型リーダーです。その要点を箇条書きすれば次のようになります。

1、参謀型リーダーは上司との相互依存関係をうまく調停する。
2、上司と自分自身の、強みや弱み、ワークスタイル、ニーズをよく理解する。
3、上司の目標は何か、何を期待しているか、上司はどこに盲点があり、どんなプレッシャーを感じているかを知り、それに関する情報を提供し、それをカバーする。
4、上司の優先課題の順位を見落とさず、いい加減な対応をして信頼を損なうようなことがない。

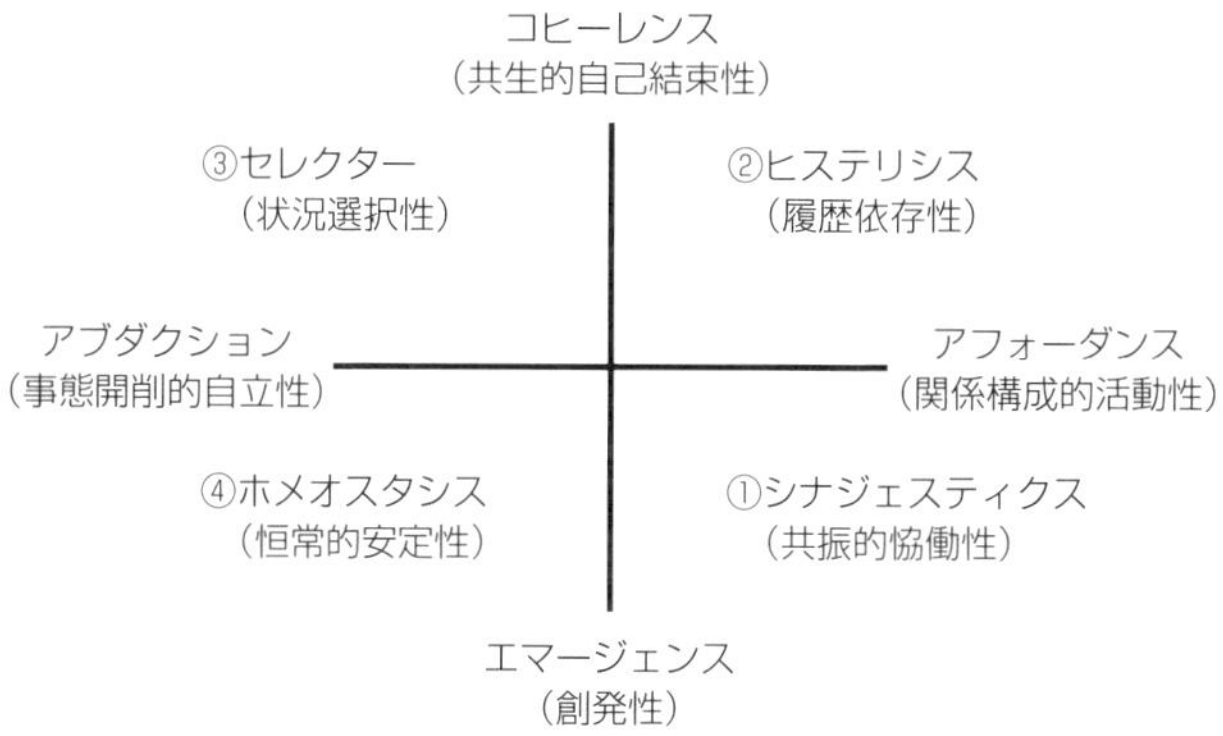

図2（再掲）

5、上司の時間を消耗させない。

6、自分の仮説をもち、上司に対しそれを検証するチャンスを逃さない。

〈図2〉に当てはめれば、1はシナジェティクス、2はヒステリシス、3・4はセレクター、5・6はホメオスタシスにそれぞれ該当します。要は、単に献身的に仕えるのではなく、人格的に対等のパートナーとして、幅広く上司をサポートし、頼りにされるのが参謀型リーダーです。もっと進めば、上司をしてよりよくその職分を尽くさしめるようお手伝いするということになります。その参謀型リーダーに求められる仕事術としては次が挙げられます。

7、参謀型リーダーの仕事術

① 諸々の情報から考慮すべき情報を優先順位をつけて選び出す。

② 関連性が曖昧な目標や計画を整序する。

③さまざまな部門の社員の力を借りて目標を達成する。
④組織構造に縛られることなく、とはいえ尊重しつつ、人脈を広げる。
⑤ときには競合他社にも働きかけることができるだけの人脈をもっている。
⑥それでいて人間関係に波風を立てない。
⑦何かを頼んだり、励ましたり、おだてたり、褒めたり、報酬を与えたり、動機付けたり、……とにかく、大勢の人たちを動かしてより多くのことを実現させる。
⑧短時間で簡潔明瞭な効率的会話ができる。相手に敬意を払いつつ、その場で小気味よく協力を取り付ける。
⑨相手に優れた指導者という印象を与える。
⑩「変革を起こす」を一時も忘れない。

ポイントは、情報編集と内外協働組成の要となることですが、特に⑩の変革主体であるべきという点はすべてのリーダーに求められる共通の要件です。

以上は、第四・五講で述べたアフォーダンスに関係する記述と読めますが、次はアブダクション、アテンダンスに関する記述です。

GE（ゼネラル・エレクトリック社）の元CEOのウェルチ会長は、経営陣から末端社員までが共通の価値観やベクトルに従って変革を目指すには「ソーシャル・アーキテクチャー」（企業文化）が重要であることを説いていますが、これを受けてコッターは変革のためのリーダーシップを次のように敷衍します。

8、変革のリーダーシップ

リーダーシップとは、「人と企業文化に訴えかけることで機能する柔軟でダイナミックなもの」であり、「ビジョンと戦略を描き、これらを実現させるために人々を結集し、彼ら彼女らをエンパワーメントするなど、さまざまな障害を乗り越えて、変革を実現させる原動力」となることです。つまり、リーダーにはダイナミックな変革の主導者となることが期待されています。そして、変革のリーダーシップを次のように8段階に分けて説明します。

①　危機意識を醸成する。
②　変革チームを組織する。
③　ビジョンを具体的に示す。
④　変革に巻き込むためにコミュニケーションに腐心する。
⑤　変革行動への権限を与える。
⑥　小さな成功を実現させる。
⑦　変革の歩みを減速させない。

⑧ 変革を促しつづける。

すなわち、本講で言うアブダクション機制です。危機意識のないところには、変革は起こりようがありません。まず、危機意識をストレンジ・アトラクターとして、その周りに変革のエネルギーを結集するのです。そのためには、リーダーには人に影響力を行使できるだけの人間力が求められます。すなわちアテンダンス機制です。以下「影響力行使」の四項目はいずれも平易な表現ですが、その真髄を突いています。

① 感謝や恩義を感じさせる。
② 豊富な経験や知識の持ち主として信頼される。
③ この人とは波長が合うと思わせる。
④ この人に依存していると自覚させる。

上司からも同僚・部下からもこの四つが調達できるなら、あなたはすでにして立派なリーダーです。しかし、同僚・部下からのフォロワーシップを現実に獲得するには、さらに次の七つの自己マネジメント力が求められます。特に④〜⑦に注目してください。自らをプロモートさせる意欲と力量・才覚を備えていない上司、つまり卓越者リーダーでない上司には部下は誰もついていきません。

① 周囲の目に「妥当である」と映ることに敏感である。
② 人によって力や方法を使い分ける必要があることを直観的に理解している。
③ 右記の「影響力行使」の四種類の方法すべてをある程度行使し、すべてを用いる。
④ 自らのキャリア上の目標を定め、成果を上げられる地位を求める。
⑤ もてる資源、公式・非公式の力を総動員して、己の力をさらに強化する。
⑥ 熟慮し、自制しながら、力《ちから》志向の行動を取る。
⑦ こうした方法を使って、他人の行動やワーク・ライフに、目に見える形で影響を及ぼすことはけっして不条理なこととは思ったりしない。

ヘンリー・ミンツバーグのマネジメント論

以下、ヘンリー・ミンツバーグ『マネジャーの実像』〈日経BP社〉を参照します。

彼は、「マネジャーはリーダーでもあり、リーダーはマネジャーであるべきで、マネジメントとリーダーシップの両者はいわばコミュニティシップの一部をなすものと位置づけるべき」と言います。そして、マネジメントとリーダーシップを別物だとするのは間違いであり、力点はリーダーシップよりもむしろマネジメントの方に置かれるべきだとします。

彼の説くところを以下二一項目にまとめてみました。一つひとつが深く本質を突いた含蓄に富んだ提言ですが、われわれが第三・四・五講で検討した事項がここに説得力をもって具体的に呈示されています。まず、1〜7項から見ていきます。

1、なかにはマネジメントの過剰とリーダーシップの不足を問題視する論者が多いが、むしろ問題なのは、リーダーシップの過剰とマネジメントの不足にある。

2、リーダーシップはマネジメントの一つの要素と位置づけられる。マネジメントとは具体的に、人々の背中を押して、ほかの人たちの最高のパフォーマンスを引き出すこと、ほかの人たちの学習、決断、行動を促すことでもっと優れた仕事を多くさせることである。

3、本当に必要なのは、リーダーシップを強化することではなく、自然に物事に取り組める主体的な個人からなるコミュニティを築くことである。

4、健全な組織とは、自分の担当業務のことしか考えない個人の集合体ではない。システム全体を気にかけ、システムが先々まで生き延びるように気を配ることを忘れない責任感のある個人のコミュニティこそ、健全な組織なのだ。

5、組織を、積極的に関わり合う人々のコミュニティと見なすことほど自然な発想はない。そのようなコミュニティでは誰もが敬意を払われ、ほかの人たちに敬意を払う。互いの行動を調整し合い、方向性を示し合い、サポートし合い、ともに働く。そこでは人は、気楽に構え、遊び心をもって、生き生きと機敏に振る舞う。

6、マネジャーは組織のメンバーが主体的に成長するのを助ける。メンバーをまとめあげ、互いに助けあうチームワークを作り、さらにはチーム内やチーム間の対立を解決し、みんなが仕事に打ち込める環境を作る。

7、リーダーは、人間の集団が一体として動けるようにし、集団がその力をあますところなく発揮できる状況を作る。人間の集団を一つのチームとして機能させるのがリーダーシップである。

以上の七項目は、われわれが第四講で見た、アフォーダンス機制、なかでも〈共〉的関係性構築に関するリーダーの役割です。マネジメントとリーダーシップの融合したコミュニティシップの構築が説かれています。

以下8〜21の各項は、本講が提唱する「機械論パラダイム」から「生命論パラダイム」への転換によるマネジメントの変革に関する記述です。そこではマネジャーはどうあるべきか、第四・五講であらかたの骨組みを示した組織ダイナミクス（74ページの〈表2〉参照）が、ここで具体的な肉付けがなされていると読み取ることができます。

8、マネジャーは組織の情報中枢であるだけでなく、組織文化のエネルギー中枢でもある。

9、マネジャーの活動の中核をなすのは、マネジャーが外部の個人や集団との間にもっている膨大なネットワークである。

10、ミドルマネジャーはシニアマネジャーよりもはるかに社内の非公式な人間関係を活用する能力に長けていて、大規模で長続きする変革を起こす力をもっている。

11、マネジャーは組織のあらゆる場所で活動し、しかもそれを自覚的に行う必要がある。人と関わること、実行するより取引すること、コントロールするより説得することを優先させるべきである。

12、こうして機械型のマネジメントは姿を消し、参加型マネジメント（後押し、調整、起業家精神の発揮）、分担型マネジメント（共同マネジメント、チーム型マネジメント）、拡散型マネジメント（責任を一部分担させる集団型マネジメント、集合的にリーダーの役割を担うコミュニティ構築型マネジメント）、支援型マネジメント（サーバントの役割）、最小型マネジメント（究極のプロジェクト型組織）へ移行する。

13、マネジメントを成功させるためには、人々を関わらせ、自分自身が関わること、人々を結びつかせ、自分自身が結びつくこと、人々をサポートし、自分自身がサポートされることが必要なのだ。

以上のうち、10〜13項はわれわれの言葉に引き寄せて言えばアブダクション機制に該当します。マネジャーは、人的・情報的・文化的・社会的等々の関係性ネットワークを、組織の内外に幅広く構築し、そのなかで自らが円滑なコミュニケーション活動主体となって、永続的変革を主導していくべきことを説いています。12項は、強いてわれわれの言葉に置き換えれば（入れ子構造的な把握ですが）、参加型マネジメントはオートポイエーシスに、分担型マネジメントはシナジェティクスに、拡散型マネジメントはヒステリシスに、支援型マネジメントはホメオスタシスに、最小型マネジメントはセレクターに、それぞれ対応します。そして、8～11項がストレンジ・アトラクターに相当すると見なすことができます。

論点は、次にマネジメントの内実へと進みます。次の二点は卓越者リーダーのあり方に関する言説として、われわれの言葉に置き直せばアテンダンス機制に該当します。

14、マネジャーは三つの次元（人間志向、情報志向、行動志向）の役割をすべて果たしてはじめてマネジメントに不可欠なバランスを保てる。

15、マネジメントを成功させるには、アート（情熱）、クラフト（現実的態度）、サイエンス（秩序）の三要素をブレンドしなくてはならない。成功するマネジャーは、それぞれの環境に適したスタイルをもともともっている人物である。環境を度外視してマネジメントスタイルを論じることはできない。

人間の活動次元には三つの次元があります。私はそれを暗黙次元・明示次元・形式次元と呼んでいますが（この点については最終の補講一で詳しく話す予定です）、それぞれは、ここでミンツバーグが言っている、人間志向（アート）・情報志向（クラフト）・行動志向（サイエンス）に置き換えることもできます。要は、この三次元（要素）をバランスよくブレンドするのがマネジャーだということです。それができれば、マネジメントは「機械論パラダイム」を脱して、「生命論パラダイム」へと次のように進化します。

16、不測の事態や曖昧な問題に幅広い権限をもって、しかも自分の職務内容を自在に変更して対処するのがマネジャーである。それにはマニュアルはない、コツを教わることもできない、手軽なハウツーもない（主としてセレクターに関わります）。

17、問題は、継続性を保つ必要がある状況で、どのようにして変化を調停するかである。軌道を修正したり新しい場所に軌道を敷設したりもしなければならない。柔軟性も確保しなければならない。マネジャーはさまざまな場所に張り渡してあるさまざまなロープの上を歩く、多次元の綱渡りなのだ。重要なのは適切な動的バランスを取ることだ（主としてホメオスタシスに関わります）。

18、マネジメントがうまく機能しているのは、人々が本来もっているエネルギーを引き出すことに成功しているときである。それを協働へ向けて適切に役割を果たさせることである（主としてシナジェティクスに関わります）。

19、優れたマネジャーは受け身では振る舞わない。自分で変化を起こそうとする。自分自身で流れを作り出す。何よりもそれを楽しむ。それには広い視野をもつこと、振り返りを行うことが大切である。ほかのメンバーが積極行動の姿勢で変革に取り組むよう背中を押すこともその仕事である。安定を維持するためにもこれらが必要である（主としてストレンジ・アトラクターとヒステリシスに関わります）。

20、マネジャーが機能するのではない。機能するのはあくまでもマネジャーと組織の相性である。つまり、その組織に必要なスタイルを実践できるのが優れたマネジャーである。マネジャーの成果は、組織が成果を高めるのにどの程度貢献したかによって決まる（主として、オートポイエーシスに関わります）。

「生命論パラダイム」によってマネジメントがどう変革するか、その様態はここに尽くされています。曖昧な事態に対して継続性をもって柔軟に対処すること、場のエネルギーを変化と協働へ向けて引き出すこと、広い視野をもって自ら進んで変化を主導すること、組織のスタイルを決定しその成果を高めること、これらの記述はいずれも第四講63ページ〈表1〉のマトリクス全体をカバーしていて生命論的です。

そして、最後にマネジメントの基本姿勢、すなわち参謀型リーダー＝卓越者リーダーのあるべき姿が次のように要約されています。

21、マネジメントの基本姿勢

① 業務の円滑な流れを維持する。
② 組織を外部環境と結びつける。
③ リモートコントロールする（オーケストラの指揮者の如く）。
④ 戦略的に介入する（組織階層を飛び越して変革を起こす現場に直接乗り込む）。
⑤ 組織文化を強化する（メンバーのコミュニティ意識を高める）。
⑦ ミドルマネジメント層の枠内でのマネジメント、およびミドルマネジメント層の枠外に踏み出すマネジメントをする。また側面からの助言をする。
⑧ これらのすべてをブレンドする（現場業務、外の世界との関わりなどの諸活動をブレンド）。

①と②は組織統摂のための十分条件（アフォーダンス）ですが、③～⑦はそのための必要条件（アブダクション）です。両者が相まってはじめて生命論的組織原理は十全に機能します。必要条件と言っても、そこには権力行使的介入はありません。あるのは、リモートコントロール、戦略的介入、組織文化への働きかけ、およびそのブレンドです。

P・F・ドラッカーのリーダーシップ論

ドラッカーには数多くの著作がありますが、ほとんどが多少ともリーダーシップ論に関わります。そのすべてに当たるのはたいへんですから、ここではウィリアム・A・コーン著の『ドラッカーのリーダーシップ論』〈ランダムハウスジャパン〉を参照することとします。

「リーダーの役割は人々の力を結集することによって、それぞれの人の弱点が弊害を生まないようにすることである」というのはドラッカーのリーダーシップ論として有名ですが、それは次の三点に要約されています（以下、ウィリアム・A・コーンの著作からの引用です）。

1、リーダーシップとは、人のビジョンを高い視点へと持ち上げ、人のパフォーマンスを高いレベルへ引き上げ、人格を通常の限界を超えて陶冶することである。

2、マネジメントは事を正しく行うことであり、リーダーシップは正しいことをすることである。

3、マネジャーはまず自分がリーダーになる決心をしなければならない。リーダーは自分のことより他人の便宜を図ることを優先させるべきである。

これはリーダーの備えるべきアテンダンス機制ですが、特に2項、人は物事を正しく行うことはできますが、何が正しいかを判断するのは難しいものです。それをするのがリーダーという言葉には重みがあります。リーダーシップの定義、およびマネジメントとリーダーシップの関係についてはこれで十分ですが、ドラッカーはさらに踏み込んで変革主体としてのリーダーのあり方を次のように規定します。リーダーのアブダクション機制です。

4、やらねばならぬ新しいこと、これまでと違うこととは何か、それをいつやるべきか、そこまで進んではじめてリーダーである。
5、リーダーには未来を創り出す勇気が必要である。リスクを伴わないアイデアは間違いなく失敗する。リーダーは役に立たなくなった古いものを廃棄し、新しくやるべきことに集中する。
6、高次元のリーダーシップを身につけるためには、より上級のマネージャーになるための準備を怠らず、自分の専門外の分野にも習熟し、専門分野の内外についてよく学ぶことが必要。

変革・革新の主体たるには、より高い視点とより広い視野をもって行動できる、より高い地位を目指し獲得すること、およびそれに相応しい知識・能力を習得することも必要です。

次に、ドラッカーの論述はリーダーの資質や働きの具体相へと移ります。

7、リーダーの役割（資質）
① 導いてあげるメンター。

②スキルを伸ばしてあげる教師。
③進歩を測定してあげる審判。
④元気づけてあげる（褒めてあげる）激励者。

8、リーダーの八つの原則

①誠実さ。
②仕事の内容をよく知る。
③期待することを言葉で表す。
④並々ならぬ努力で仕事に打ち込んでいることを示す。
⑤よい結果を期待する（悲観的・消極的・否定的態度はとらない）。
⑥部下に十分配慮する（部下に責任をもつ）。
⑦私利を捨て去りミッションを優先させる。
⑧自ら先頭に立つ。

9、自己責任や自己裁量も大事だが、権威をもって組織を導くことも大事。それには、

①慎重な人事配置。
②高い成果基準。
③必要な情報の提供。
④マネジャーとしての視点をもたせることが必要。

10、組織をボランティア集団とすること。ボランティアとは、

①　ほかの人との違いを出せる。
②　自分の才能や技術を使える。
③　人脈を作れる。
④　心情を表現する機会。
⑤　人に出会える。
⑥　自己の成長と自尊心の満足。
⑦　調和の取れた人生。
⑧　お返しができる。

ここには権力行使的な統帥型リーダーの姿はありません。あるのは、メンバーの自己啓発への促しと、そのための慎重な配慮（行動）だけです。特に、10項のボランティア精神を組織マネジメントの柱に据える点はいかにもドラッカー的です（ドラッカー『非営利組織のマネジメント』〈ダイヤモンド社〉参照）。これらはいずれもリーダーの備えるべきアフォーダンス機制と読めます。

次の記述はドラッカー経営論（リーダーシップ論）の真髄とも言うべきものです。リーダーシップのアフォーダンス、アブダクション、アテンダンスの三機制がここに要約されています。

11、ミッションは何か、顧客は誰か、顧客にとって何が価値か、そのために何をするか（事業は何か、それは今後どうなるか、それはどうあるべきなのか）、それを明らかにするのがリーダーの仕事である。

12、組織全体の方向性を決定し、プロセスを監督し、戦略を確立し、手段を指示し、フィードバックを分析し（フィードバックをもとに、目標と目的、戦略を修正すること。それは、戦略プランの微調整から組織全体の改編まで含む）、望む結果に向けてアクションを調整するのがリーダーの役目である。

13、戦略とは、企業の全般的な目的は何か、それは現に携わっている事業に合致しているか、何をもって成功とするかなどの基準で企業を診断することである。それには、イニシアティブを取り、目標に到達するまでそれを維持し（効率を高めることではない）、その具体化のためのアクション（ステップごとのプランも含め）が不可欠である。

この三点については第八講でもう一度触れます。

次は、ドラッカーのリーダーシップ論を現代社会に適用する際の要約とも言うべき記述です。

14、グローバリゼーションの進展にリーダーシップを発揮すべきである。それにより職場のダイバーシティは増し、組織に次のような競争優位をもたらす。

① 急激な変化にも柔軟に対応できる。
② 優秀な人材を引きつけ確保できる。
③ 市場シェアーの獲得・維持・開発に資することができる。そこから優れたリーダーが育つ。

15、よきリーダーシップは基本的にマーケティングである。ニーズを探り出し、そのニーズを満たす努力である。それにはセグメンテーション（ニーズは一人ひとり違うのでそれを見極める）とポジショニング（人々とのコミュニケーションを図り効果的に説得することで、認識を改めさせ、マインドチェンジさせる）が必要である。そうすることで、人が最高の可能性を発揮するように影響を与えるのである。

16、影響とは、あからさまな努力をしなくとも結果が生じることであり、説得とは、望ましい結果を得るためにその人なりの努力をすることである。マーケティングとはそのための技法であり、リーダーシップの戦術として当然の手法である。

17、以上を要約して、
① リーダーはすべての基盤となる戦略を自分自身で策定する。
② リーダーには誠実さと倫理が備わっていることが不可欠である。
③ モティベーションについての心理的な原則を理解し応用する。
④ マーケティングの考え方を自分のリーダーシップに採り入れる。すなわち、リーダーには、倫理性と誠実さ、真摯さ、高潔さが不可欠である。

リーダーシップのアテンダンス機序がここに尽くされています。

以上の、三大グルたちのリーダーシップ論をあえて要約すれば次のようになります。「リーダーシップとは権力行使的（＝機械論的）に上から指示命令することでも、管理統制することでもない、下からのやる気を引き出し（エマージェンス）、それを一致協働へと促し（シナジェティクス）、共通の価値意識のもとに結束し（ストレンジ・アトラクター）、組織文化を踏まえてあるべき方向づけを行い（ヒステリシス）、自己組織的秩序化を賦活しながら（オートポイエーシス）、組織を安定的発展軌道へと導き（セレクター）、その勢いを調和的に保持しつづける（ホメオスタシス）ことで組織にベクトルの揃った秩序をもたらす（コヒーレンス）ことである」

問題は「下からのやる気」如何にあります。「やる気」とは何か、端的に言ってそれは内から盛り上がる「生命力の発現」です、そこで問われるのは「権力行使的リーダーシップ」とは対極にある「生命論的リーダーシップ」です。ここには男性性／女性性の対立はありません。あるのは、人間性原理に立脚するヒューマニティ・リーダーシップ論です。

次の第七講以下で具体的にその中身に入ります。

第七講

組織の病理と回復

組織が生き生きと機能するためには、成員メンバーの創発的意欲を最大限に発揮させ、そのエネルギーを組織目標に向けて結束的に統合していくことが基本だとして、そのための組織運営上のキーワードを第四講で六つ提示し（〈図2〉〈表1〉参照）、それぞれについての解説を第五講、第六講で行いました。

では、すべてをそのように創発的自由に任せていて組織は大丈夫でしょうか。かえってそのために組織が規範力・統摂力を失って病むということはないでしょうか。その点については、ミンツバーグの組織病理論が参考になります。〈図3〉をご覧ください。

組織病理論

アブダクション（自立性）、アフォーダンス（関係性）、アテンダンス（企投性）の三機制で、円内に記したような偏向が生じたり、この三機制の融合一体化が崩れるとこの結び目は解かれ、リーダーシップは矢印で示したような方向へ逸脱していくことになります。それを〈表1〉〈表2〉に倣って一覧表にまとめれば〈表3〉のようになります。説明の便宜上、〈表1〉同様に各枡目に（1）～（6）の番号を付しました。

すなわち、

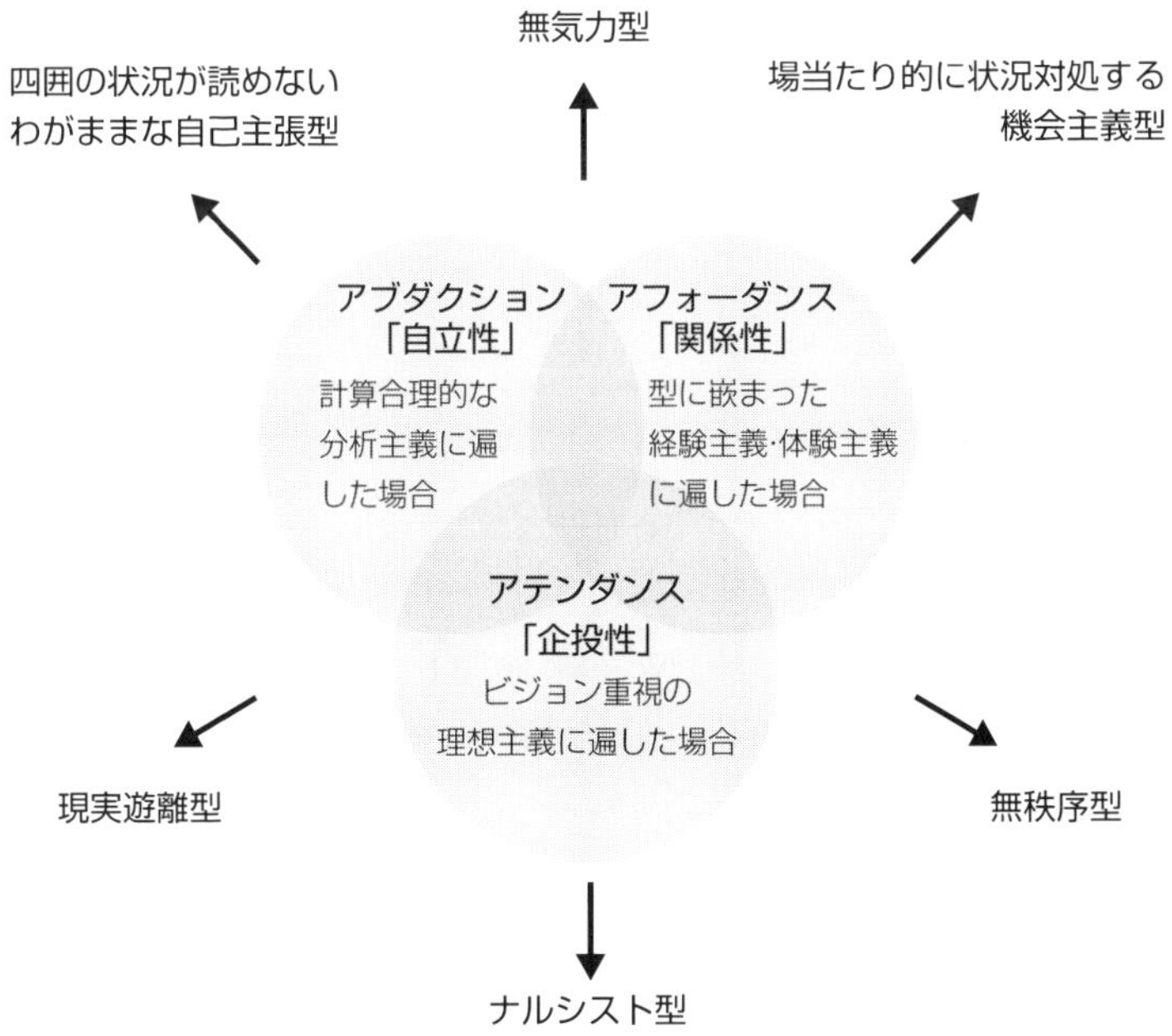

図3

表3

	アブダクション	アテンダンス	アフォーダンス
コヒーレンス	(5)自己主張型 （セレクターの病）	(1)無気力型 （ストレンジ・アトラクターの病）	(4)機会主義型 （ヒステリシスの病）
エマージェンス	(6)現実遊離型 （ホメオスタシスの病）	(2)ナルシスト型 （オートポイエーシスの病）	(3)無秩序型 （シナジェティクスの病）

（1）組織が把持する中核価値（ストレンジ・アトラクター）がはっきり見えなくなると、成員メンバーはどちらに進むべきか方向感を見失って「無気力」になります。また、逆にそれが強すぎると、あなた任せの気風が蔓延してかえってメンバーは無気力になるということも起こりえます。

（2）組織の自己組織化機能（オートポイエーシス）が亢進すると、組織は自己陶酔型のナルシスト集団になりかねません。また、逆にその機能が弱すぎると、周囲を見回すことのできる広角思考が弱まって、各人が自分の殻に閉じこもるナルシストになりかねません。

（3）組織の活力は成員メンバー同士の、あるいは組織と成員の間の、ピッタリと息の合った一致協働があってはじめて維持されます（シナジェティクス）。それが失われると組織は無秩序状態に陥ります。また、逆に組織の協働の仕組みがあまりに強すぎると、他者の領域にまで勝手に手や口を出す者が現れて組織は同様に無秩序となります。

（4）組織には永年培ってきた組織文化があって、それは各種のルールや規範として組織内に定着しています（ヒステリシス）。しかし、それがあたかも権力主体であるかのごとく独り歩きしはじめると、組織にはすべてをルール（あるいは前例や従来の慣行）任せにして、新たに遭遇する困難な状況に対して進んで適応しようとする変革志向が薄れ、場当たり的な機会主義が横行することになります。また、逆にルールや規範の働きが弱すぎると、同様に組織内各部署は場当たり的な機会主義で事を処理するほかなくなります。

（5）組織の経路選択機能（セレクター）が各部署に任せ切りになると、自己主張型の人間がはびこり組織エゴが蔓延することになりかねません。また、逆にその機能を各部署が十分に果たせないと、組織の末端までが勝手な自己主張的振る舞いをすることになりかねません。

（6）組織が恒常的安定性志向（ホメオスタシス）に偏りすぎると、ビビッドな現実感覚を働かせる必要もなくなって、組織には事なかれ主義が横行し、組織（およびその成員）は徐々に保守化しマンネリ化していきます。また、逆にその恒常的安定性志向が失われると、組織には現実から遊離した空理空論が幅を利かすことになりかねません。

ことほどさように、何事にも生命論的中庸が大事です。どちらかに偏ってはいけません。生命論パラダイムが教えるのはそのバランスです。極端に走らず中間の場で「多次元の綱渡り」という危うい均衡を保ちつづけることです。しかし人間は弱いものですし、人間の作る組織も同様です。ですから、どんな組織も大方は何ほどか病んでいると見るのが妥当です。したがって、問題は、病にかからないようにするにはどのような予防措置を講じておくべきか、万一そのような症状が見受けられたらどう対処するかが大事になります。それをするのが組織マネジメントです。それにはマネジメントの柱が明確に打ち立てられていることが大事です。

以下、〈表3〉の各枡目ごとにそれを考えていきます。〈表4〉をご覧ください。

組織病理のための組織マネジメント

組織マネジメントはこのマトリクスの（1）～（6）すべてに関わります。それによって集団の結束力を高め、集団の活性化を図るのがその使命です。枡目に配された各項の内容説明は次講に回すとしまして、ここでは用語について簡単な注釈をしておきます。

（1）経営管理は、企業の最高意思決定システムのことです。緊張感を伴う全組織を挙げての営みです。それには何よりも企業の中核価値（ストレンジ・アトラクター）が末端まで貫徹している必要があります。

（2）管理会計とは、経営資源の最適配分が合理的・自律的に決められるようにする（オートポイエーシス）ためのマネジメントシステムです。最高意思決定機関へ適切な経営情報を提供するのがその役割です。冷徹な現状分析、緻密な実施計画の策定およびその実績管理が基本で、そこにはナルシスティックな恣意・私情が入り込む余地はありません。

（3）リレーションシップ・マネジメントは適当な日本語がありませんが、直訳すれば関係性管理ということです。要するに顧客・市場・一般社会との関係、組織成員同士の関係、あるいは組織を取り巻く諸々のステークホルダーとの関係、等々が相乗効果を発揮できるよう巧みに調停し、そこにあるべき協調・協働関係を不断に構築していく組織機能のことです（シナジェティクス）。

表4

	アブダクション	アテンダンス	アフォーダンス
コヒーレンス	（5）業務管理 （セレクター）	（1）経営管理 （ストレンジ・アトラクター）	（4）内部監査 （ヒステリシス）
エマージェンス	（6）人事管理 （ホメオスタシス）	（2）管理会計 （オートポイエーシス）	（3）リレーションシップ・マネジメント （シナジェティクス）

（4）内部監査は、企業統治が遺漏なく成立するための基本となるものです。あるべき基本路線からの逸脱や変調をいち早く感知し、それへの機敏な対応を誤らないためのシステムです。則るべき規則や逸脱に対する罰則も必要ですが、それよりも大切なのは組織文化です。一々の指示や命令がなくても、誰もが出たとこ勝負の機会主義に陥ることなく、おのずからなる規範秩序が組織末端まで徹底するには、永年にわたって培われてきた組織風土、組織文化が物を言います（ヒステリシス）。

（5）業務管理とは、日常の業務執行をサポートし、その成果をトレースするマネジメントシステムです。業務の要諦は全社的視点に立った選択と集中です（セレクター）。そこには各部署の組織エゴが働いてはなりません。それにはP―D―C―Aのサイクルが適切に回っている必要があります。

（6）人事管理とは、ひと言で言って人材の育成のためのマネジメントシステムです。事業は人なりと言われますが、それには評価や処遇、配置面における公明正大さが生命です。現実から遊離した歪んだ人事は経営を毒します。それらが担保されれば人材はおのずから集まり、育ちます（ホメオスタシス）。

以上の（1）〜（6）がマネジメントの柱として機能するなら、組織は日々に新たとなり、一時として同じ場所・状態に留まることはありません。しかもそのなかにあって自己本来性を失うことはけっしてありません。つまり、自己言及的認知フィードバックによる自己励起によって状態空間のなかを遷移しながら環境とともにつねに共進化していきます。そして、それがより十全に機能するには組織成員各人が、そのもとへと自己の振る舞いを自己調律するようなシンボルがそこになくてはなりません。それを参照項にして自分自身の進むべき方向を舵取できるような、いわばランドマークの役割を担うような、そういうシンボルです。

その組織共進化のシンボルとなるのは、リーダーたちによって形成されるおのずからなる卓越性の位階秩序（卓越者の階等序列）です。シンボルはいつでも、どこでも、意味の多様態・多面態として、さまざまに姿を変えながら現れるからシンボルたりえます。つまり、シンボルがシンボルたりうるためには、それにはつねに自らを新奇性・多面性・自己生成性・自己刷新性へと開いていなければなりません。そうであってはじめてそれは成員の想像力・創造力を不断に喚起することができるシンボルの役割を果たしえます。それは曖昧性・無原則性とは違います。共通の「価値」を一貫性をもって執拗に、直喩や換喩あるいは隠喩など比喩法を駆使しながら、多面的・多角的に呈示することです。ときには組織全体を揺るがすような意外性を示すことも必要です。ですから、リーダーたちの階等序列（卓越性の位階秩序）は何度も練り直される必要があります。繰り返し、予見し、構想し、調節し、連絡づけし、組み合わされる必要があります。そうであってはじめて、それは成員各人にとって、自分自身をそうでなかったものへと作りかえる力となります。この点については第十講、第十一講で述べます。

第八講

リーダーシップの機能

リーダーシップには能産的側面と所産的側面の両面があります。能産的とは、おのずからなる場の方向づけ、秩序づけの機序のことです。超越的なあるいは介入的な外からの働きかけはそこにはありません。所産的とは、その結果としてその場に成立する諸規範をみながら反復利用可能な形で集合的に利用する機序のことです。これが巧みに活用されることで組織の効果的・効率的運営が可能となります。ここにも権力介入的な外からの働きかけはありません。この能産的・所産的の両リーダーシップが、表裏一体となって、筋道立てられてバランスよく機能するとき、組織はその固有の病から回復することができ、病にかかることそれ自体も防げ、何よりも健全な活性を保持できます。

以下、前講の〈表4〉の枡目各項の説明に入ります。

(1) 経営管理

〈図4〉をご覧ください。通常は、経営管理と言えば、命令・指示・管理・統制といった上からの権力行使的な側面にばかり目が行きがちです。そして、それはそれで組織を病から回復させるに必要な場合もありますが、そればかりに頼るのは機械論的発想への偏りというべきであって、所詮は対症療法の域を出ることはできません。

生命論的発想では、逆に下からの自発的な参画意識を鼓舞する側面に注目します。組織の中核価値の周りに経営資源を結集(ストレンジ・アトラクター)できてはじめて経営管理は十全に機能しま

図4

す。

順に説明します。

①　命令するにしてもそこには相互信頼の裏打ちがなくてはなりません。人は基本的に他者から命令されることを好みません。命令される前に自発的に必要な行動を取りたいのが人情です。まずは自分を信頼してほしいのです。基本的な信頼を欠いて一方的に命令ばかり下しているとかえって組織にさまざまな不協和がもたらされます。組織にメンバー相互の協和・協調・階和をもたらすのは何よりも相互の信頼です（シナジェティクス）。

②　指示することはあってもよいし、場合によっては必要でもありますが、その場合でもそこには相互支援がセットされていなければなりません。指示しなければ動かないという一方的な思い込みでメンバーに接していると、いつしか指示待ち人間ばかりを量産することになりかねません。またそこにメンバー

の不満も醸成されます。そこにはリーダーとメンバーが、またメンバー同士が相互に支援しあう組織風土・組織文化が醸成されていなければなりません。それがあるなら、一々の指示がなくても組織はつねに最適行動を自ら選択します。それがまた自律・自発的な組織文化を再生産していきます（ヒステリシス）。

③ 管理も必要ですが、そこにはメンバー間の相互学習が伴っていなければ組織は管理過多で疲弊します。管理されなくても組織内でどう動くべきかをメンバー個々人が相互に学習しあい、組織としてつねに最適行動が選択されるような組織体制が目指されるべきです（セレクター）。

④ 統制は、組織秩序を維持するため、特に組織が何らかの危機的状況にあるときはなくてはならぬものですが、そこには根底に相互理解がなくてはなりません。統制だけに頼るのでは、どこかにメンバーの能力・資質への不信があるからです。それでは折角発動された組織統制力もかえってメンバーの反発や抵抗や不満を生む原因になりかねません。そうでなく、仕事を通して日常的に培われた相互理解に立脚して日常業務が遂行されるなら、組織は強いて統制せずとも期せずして所期の効果を自律的に挙げることができるはずです（ホメオスタシス）。

（2）管理会計

〈図5〉をご覧ください。管理会計は、（1）の経営管理をサポートするためのマネジメント・システテ

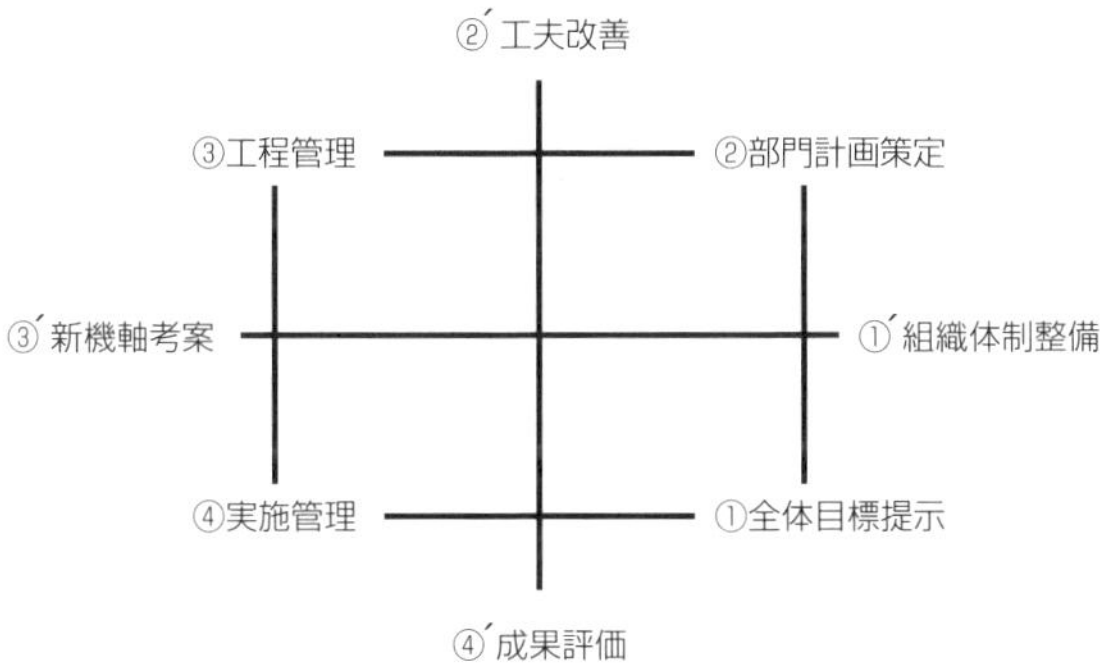

図5

ムです。〈図5〉のサイクルに則ってそれは行われます。

① まず、最高経営意思の発動として、全体目標が提示されます。それは全体として整合性、調和の取れたものであることが大事です（シナジェティクス）。それは具体的な数値目標として提示されなければなりません。それが有効性をもつためにはそれを可能にする①´組織体制が整備される必要があります。

② 全体目標は次に部門計画策定へとブレークダウンされますが、その際の大事なポイントは、各部門の基礎体力や特性（これまでの業績履歴）を十分に反映したものでなければならないということです（ヒステリシス）。それも数値目標として提示されます。

③ 各部門ではそれを具体的な工程管理に落とし込みますが、そこに至る前にさまざまな②´工夫改善が加えられねばなりません。そうでなければ各部門は上から指示された目標（ノルマ）の単なる請負集団になってしまいます。各部署で独自の工夫改善が創案されては

じめて組織には求心的な中心価値が発現します（ストレンジ・アトラクター）。管理会計システムの狙いの一つはそれを通して組織進化の経路を見つけることにあります。この経路選択を誤らないことも工程管理の重要なポイントです（セレクター）。

④ 次いで、実施管理に移りますが、実施に際しては、さまざまな③新機軸がどれほど織り込まれたかが組織的に検証されます。数値目標が計画通り達成されたかどうかも大事ですが、そこに至るまでのクリティカルパス全体が検証の対象となります（ホメオスタシス）。

最後は、④成果評価です。以上の各フェーズを数値的にトレースすることによって、組織全体の運営監理の改善策が検討されます。たとえば基準を超える達成のために他の参考になるような新機軸がどう打ち出されたか、そこにどのような新しい仕組みが工夫考案されたか、そのために組織体制の変革や整備などがどうなされたか、などが成果評価の大事なポイントとなります。単に数値目標の達成程度が計測されるだけではありません。こうした管理会計システムが、財務面に焦点化されて十全に機能しますと、無駄や無理のない組織運営が可能になります。つれて経営資源の有効な配分も自律的に行われるようになります（オートポイエーシス）。

（3）リレーションシップ・マネジメント

〈図6〉をご覧ください（本図はドラッカーの著作を参照しました）。リレーションシップ（相関

③What dose
the customer
conside value ?
②Who is
Your customer ?
④What is
Your business ?
①What is
Your mission ?

図6

係）を調停する第一歩は、第六講においてドラッカーのマネジメント論（11項参照）で見たように、

①　あなたの役割・使命は何かを自らに問うことから始まります。そして、それを達成するには、

②　その使命・役割を差し向けるべき相手（顧客）は誰なのかを知らねばなりません。そして次には、

③　その相手（顧客）が現に何を求めているかを知る必要があります。それがはっきりしてはじめて、

④　あなたは具体的に何をなすべきか（自分の仕事は何か）をおのずから知ることになります。相手は、顧客であったり、協働するパートナーであったり、あるいはもっと漠然と場の状況であったりしますが、どの場合であってもこの原理は変わりません。

もっと包括的な言い方をするなら、次のように言いかえることもできます。まず、自分のミッション（使命）は何かを理解し、それを適用すべき相手はどこにいるかを正しく認識し（以上、アフォーダンス）、次いで、その顧客が何を求めているかを調べて、それに適切に応答する（以上、アブダクション）、です。

なお、第六講のドラッカーのマネジメント論にあったその他の事項（12項、13項参照）についても次のように図表化して示すことができます。

③戦略を確立し 手段を提示する	②プロセスを 監督する
④フィードバックを分析し アクションを調整する	①方向性を 決定する

〈アクションの調整（12項）〉

③成功の基準は何か	②事業に合致しているか
④具体化のために どんなアクションが 求められるか	①全般的な目的は何か

〈目標への到達（13項）〉

図7

（4）内部監査

〈図7〉をご覧ください（本図ではボストンコンサルティング社の提唱する〝4R方式〟を参照しました）。場におのずからなる秩序が成立するには、そこに認知フィードバック的な自己チェック体制が機能していなくてはなりません。組織でその役割を担うのが内部監査システムです。それは次の手順を踏んで行われます。

① まず、当該組織あるいは当該部署が、全体の場の状況のなかで役割的に見てどこに位置しているのか、どういう姿勢でその場（状況）に臨んでいるのか、臨むべきなのかをチェックします。その立ち位置や姿勢が適切かどうかです。具体的には、担っている数値目標は適正か、それを遂行するに必要な体制はできているか、必要な資源は揃っているか、などのチェックです。

② それが確認されたら、次になされるべきは、その

客観的な実現可能性を調べることです。場の状況に不釣り合いの過大な、現実離れした役割・目標を背負い込んでいては、組織はやがて疲弊し、場合によってはそれが組織不祥事の原因ともなりかねません。

③ 次は、その調査結果をもとにして、必要なら計画目標の修正、あるいは実行体制の補強を行わねばなりません。

④ それがクリアーできれば次は、その内部監査プロセスを、以後は組織内でより精緻に自律的反復的に機能するようシステム化することです。内部監査がホメオスタティックに機能するようシステム化を図るのが目標です。

包括的に表現するなら次のようになります。まず、①立ち位置を認識し、②取り巻く状況を調べる（アフォーダンス）、次いで、③状況に応答しつつ、④プロセス全体を自己点検しながら、改めて立ち位置を適宜修正する（アブダクション）、です。

（5）業務管理

リーダーシップが最も端的な形で現れるのがこの局面です。〈図8〉をご覧ください。P―D―C―Aのサイクル図です。

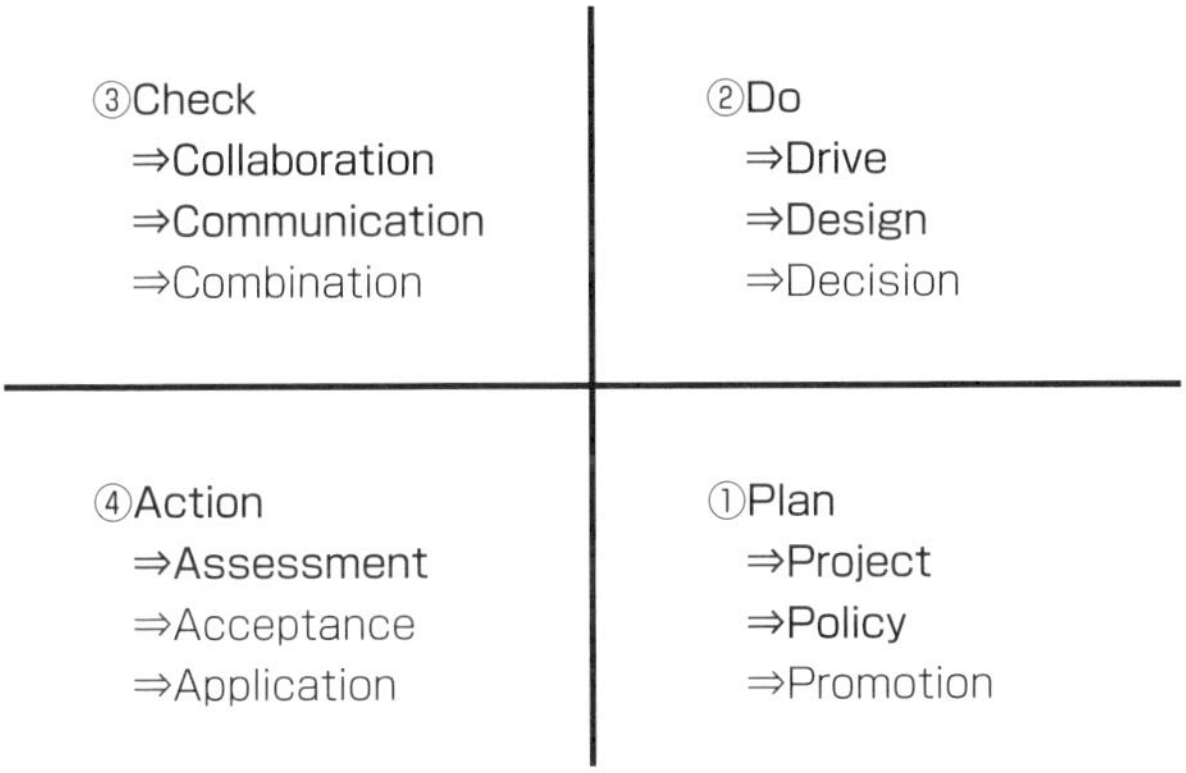

図8

〈Plan ― Do ― Check ― Action〉のサイクルは業務管理の基本です。これについては特に解説は不要でしょうから、ここでは少し違った側面から本図の補足をしておきます。

通常のP―D―C―Aサイクルは、組織成員各自の行動規準としてであれ、組織の管理標準としてであれ、いずれの場合も機械論的・他律的管理技法に陥りやすく、下手をすれば権力行使的な閉じた自閉サイクルになりかねない側面をもっています。つまり、Planがノルマの押しつけになり、Doはただ闇雲な実践になり、Checkは管理のための管理になる、Actionは単なる尻叩きに堕しかねない、といった弊です。

それに対して、次のような補強がなされれば、このサイクルはよりいっそう生命論的な内実を備えたものとなります。つまり、自律生成的プロセスとなります。

① Plan（計画）をProject（企画創案）に拡張します。あるいはPolicy（政策・戦略）に置き換えま

す。さらにはPromotion（推進）、あるいはPrograming（計画作成）も含めてもよいでしょう。
②Do（実施）をDrive（創意工夫）に拡張します。あるいはDesign（デッサン）に置き換えます。さらにはDecision（意思決定）も含めてもよいでしょう。
③Check（点検）をCollaboration（協働組成）に拡張します。またはCommunication（連絡調整）に置き換えます。さらにはCombination（連帯）、あるいはConfiguration（形態生成）にまで広げて考えることもできましょう。
④Action（反応行動）をAssessment（検証評価）に拡張します。または、Acceptance（評価受容）に置き換えます。さらにはApplication（他への適用）、あるいはArrangement（配置調停）も含めてよいでしょう。

つまり言わんとするのは、まずは①大きな政策・戦略を立て、②それに則った上で創意工夫をこらして全体計画を策定・実施し、③それを通して各部署とのコミュニケーションを密にしながら協働を組成し、④その成果を検証評価して組織体制のさらなる強化を図る、このサイクルを繰り返すなかで、組織活動それ自体を不断に活性化するのが業務管理だ、ということです。

（6）人事管理

組織においてリーダーシップが十全に機能するためには、何よりもリーダーに人を得ることが大事

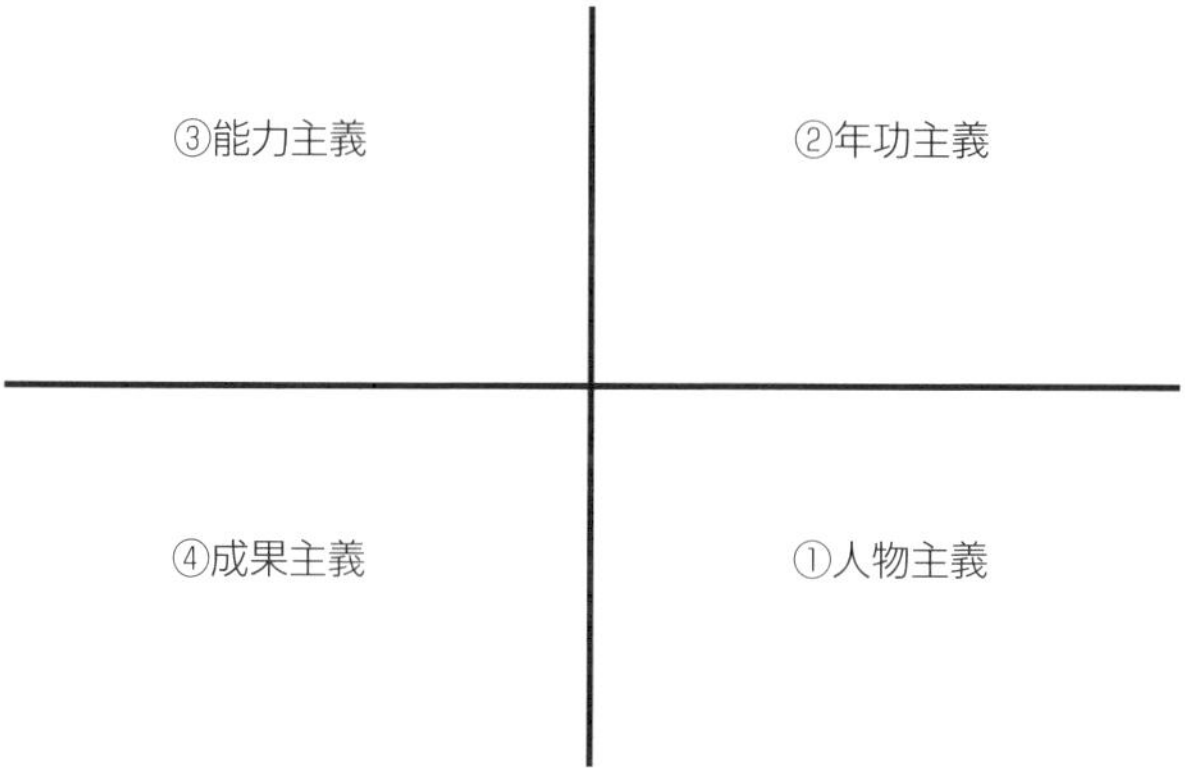

図9

です。そのためには、卓越者リーダーとなりうる人材を見逃さず、発掘し、育てる仕組みが組織に備わっていなければなりません。それには人事評価制度がしっかり根付いている必要があります。〈図9〉をご覧ください。

人事評価の仕組みは、それぞれ各企業ごとに歴史的・文化的経緯によって形成されるのであって、さまざまであって然るべきです。しかし基本的な考え方には共通のものがあります。ここでは便宜上、それを人物主義、年功主義、能力主義、成果主義に分けて考えますが、実際は、これらの考え方や手法を種々に組み合わせながら場の状況に応じて運用を行っているのが企業の実情です。以下、順に説明していきます。リーダーシップ論にとって大事なところですから、少し詳しく話をしていきます。

①人物主義　成員各人の勤務条件・労働条件は各人各

様ですから、それらの条件差をすべて織り込んだ上で共通の尺度で公平に人事評価を行うことはそもそも不可能です。それらの条件差をすべて度外視するなら、最後に残る共通の評価尺度としては〝人物〟しかありません。これが人物主義評価です。したがって人物主義にあっては、客観性という建前で比較衡量されるような評価基準（年功、能力、成果など）は一切排除され、評価責任者の主観的判断に全面的に依存することとなります。その評価結果が適正であるかどうかは、ひとえに評価者の公正性、いわばその無私性に懸かります。つまり、評価者自身の人物器量、すなわちその人の卓越性それ自体が問われることとなります。したがって、評価者たる者は自分の全人格を懸け、全精力を傾けて評価に臨むこととなります。そこに依怙贔屓があったり思い込みによる歪みがあったりすると、逆に評価者自身の人物評価そのものが貶められることとなりますから、それは評価者にとってはいわば自分の全キャリアを賭けての課業となります。

人物主義において重視される評価項目は、人間的魅力・包容力・信望・共感力・同情心・バランス感覚・明朗闊達・率先垂範・自立協働、等々ですが、ひと言で言って人物器量の大きさです。その人物主義評価が最も適合するのは卓越者中の卓越者と目されるトップ選抜の局面においてでしょうから、組織における人物主義評価の成否は結局のところトップにどういう人物が就くかに懸かっているということになります。そういう見地からするなら、組織の幹部選抜局面においてこそ人物主義評価は重要性を有すると言えます。その考え方と仕組みとがトップから始めて順次組織の末端にまで貫徹されていくなら組織は卓越者たちの優れた共同体となりましょう。

しかし人物主義にも根本的な難点があります。人物評価は評価者の私意性（恣意、主観的判断）や組織の文化的・慣習的しきたりを基礎に置かざるをえないという点です。その結果、下手をすれば人物評価が類型化してそのミニチュア版で組織各層が埋め尽くされることになりかねません。そうなると組織は金太郎飴集団になりましょう。評価者の人物が歪んでいれば組織は歪み、場合によっては派閥ができ、ときには権力闘争が横行することにもなりかねません。でなければ逆に、組織は無能者の仲良し倶楽部となり果てます。その起こりうる難点をカバーして何とか組織を人格者の集団として定式的に機能させようとする試みが次に述べる年功主義です。

②　年功主義　年功主義が登場してくる背景には、人間が人間を評価するのは原理的に不可能（どうしても私意・恣意・主観性を免れない）とする諦念があります。そのなかにあって、誰が見ても一般的に受容可能なのはいわゆる「歳の功」です。そこには、人間の能力（性格、適性は別）には生まれつきそれほど大きな差はないはずだという健全な人間理解があります。人間は幅広く経験を積み重ねる機会を与えられるならば等しく成長することができ、成長に応じてより責任のある仕事を任され、それによってさらに成長するのは当然の道理だとする楽観的な諒解（社会的通念）もあります。このことはけっして蔑ろにされてはならない現実（それはわが国では歴史的伝統とされてきました）です。組織はもともと責任の重さを基準にして階統的に編成されているのですから、経験（責任を担いうる力能）の進度（比較的均質な集団では年功はその最も普遍的な尺度です）をもとに処遇することに大多数の人間はさして違和感を感じません。違和感を感じ

るのは、経験と成長の機会を各人に公平に配分することができず、結果として年功という階序が成立しがたく、したがって職務配分に公平性・適合性が担保されなくなっている場合、あるいは逆に、経験・年功は正当に蓄積されているのに、それに相応しい責任ある仕事が（単なる学歴や出自、性別あるいは縁故といったそれ自体は合理的根拠をもたない基準によって）不公平・不適正に配分されている場合などです。しかし、それはむしろ制度運営の失敗というべきであって、年功主義そのものの欠陥とされるべきではありません。したがって、年功主義が十全に機能するために必要なのは、年功に応じた経験の適正な配分と蓄積、それに対応した適正な職務配置であって、それさえ万全なら年功主義はそれなりの意味をもつと言えます。しかし、それを可能にするには組織リーダーの卓越した手腕が要ります。

卓越者リーダーによって年功主義が正しく運営されるなら、つまり年功・職務能力・職務配置の間に適正な対応が実現している（あるいはその可能性が十分に開けている）なら、成員メンバーはそのなかで長期の自己成長戦略、あるいは生活設計を立てることも可能になり、それによって他のメンバーとの協働や後進への経験の伝達、人間力の相互補完とその自由な発現の場の拡大、などに安んじて打ち込むことができるようになります。そういう観点からするなら、どのような人事評価制度を採用するにしても、年功的要素をまったく排除するのではなく、合理性のある範囲でそれを残しその長所を活かす工夫をする方がむしろ現実的と言えます。

以上を考慮してもなお年功主義にはそれ固有の問題点があります。それは近年、業務の多様化・複雑化あるいはその変化の迅速化によって、一般的に形成される年功・経験の蓄積とそのときその場で期待される能力・適性との間が必ずしも一義的に結びつかなくなってきている、つまり年功が成立しなくなっているという現実です。そういう意味では、特に知的先端分野では年功主義は歴史的使命を終えつつあると言ってもよいかもしれません。しかし、まだかなりの分野では現に十分機能しているという事実にもけっして目をつぶってはなりません。

③ 能力主義　人間の能力は実現された実績をもとに評価するしかない、つまり、潜在的な人間能力を客観的に測定することは不可能ですから、能力主義と言っても、勢い何らかの具体的な指標をもって評価せざるをえないこととなります。それが次に述べる実績成果主義ですが、そこへ行く一歩手前で、たとえば抽象的な「職務遂行能力」のような作為的に仮構された評価基準を設けて、それに準拠して人を評価しようとするのがここで言う能力主義です。それが客観的（ということは成員各人にとって受容可能）な評価指標となりうるかどうかは、組織から見てその能力が現実にどれだけ有用・有益かの判断がポイントとなります。

むしろ逆にこう言うべきかもしれません。組織が求める有用性・有効性の規準が予め明示されていて、成員各人がその規準を受け入れ、自らをそれに照らしてみて、「自分にはいま何が欠けているか、何を学習すべきなのか」が自覚でき、それによって各人がより高度の能力レベルへとチャレンジできること、そこにこそ能力主義評価の狙いがあるのだ、と。こうして「自分にいま何が求められているか、いま自分が何をなすべきか」などがはっきりするなら、成員各人は組織的協働体制のなかで自分のコンピテンシー（卓越性）は何なのか、それを活かすには自分は組織人としてどう振る舞うべきかも、おのずから明らかになり、そのなかで相互啓発の気風も醸成されることになるだろうというのがそこでの目論見です。

しかし一方では難点もあります。「職務遂行能力」を計る客観的な尺度はないという現実です。職務遂行能力を測る尺度は職務遂行度であるというトートロジーがそこにはあります。ですから、その評価はどうしても裁量的にならざるを得ません。また、人間能力は百点満点ということはありえませんから、能力面での評価は結局のところ、「過去にこういう点で不行き届きがあった」、「現在はこういう点に不備・不足がある」というような、いわゆる「減点主義」になりがちだという難点です。ましてや、未経験の、あるいは可能性として開かれているべきはずの「期待職務遂行能力」については、初めから評価対象外に排除されることとなり、ために啓発的刺激の面で限界があるということにもなります。裁量的な減点主義でしかも将来の発展可能性についても閉ざされているような評価制度が人間の士気を鼓舞しうるはずがありません。そういう意味では能力主義は必ずしもモラールの向上には結びつきません。このような難点が克服されるには、評価者にはよほど優れた卓越性が求められることになります。ではどうするか、複数の評価者の合議制によるか、過去の評価実績の蓄積を総合評価して「能力」判定とするか、いずれにせよ人間のすることですから、私意性は免れません。むしろ、評価者の私意性こそが評価の公正性を担保するのだとよい意味で開き直る（諦念をもって覚悟する）しかないのかもしれません。ならば、いっそのこと「職務遂行能力」といったような抽象的な評価規準よりは「職務遂行実績」といった具体性のある評価規準に重点を移し変えてはどうかということになりましょう。それがすなわち次に述べる実績成果主義です。

なお、付言しておきますが、そもそも抜群の能力を有する卓越者は、自分が待遇面でどういう評価・処遇を受けるかにはさして意味も価値も認めないものです。彼らのセラールは別のところ、すなわち、より優れた事績、およびそれに見合う名誉や賞賛の獲得、より高度の課題に挑戦する機会、にこそ存在します。したがって「能力主義」の最大のポイントはその評価結果をどう活かすかに懸かっています。

④　成果主義　成果主義とは、各人別の実績成果を相対的に比較可能なように計量化して定量的に把握し、その計量的に把握された功績度に応じて成果を配分する仕組みです。成果配分には単に給与・待遇だけでなく、より高位の役職・職位・職務への配置も含まれます。実現された実績成果だけに焦点化するという点がこの評価制度の特徴です。実績成果を計量的に測定できる手法さえ開発されるなら、この制度は適度なインセンティヴ効果もあって成員みなの納得も得られます。しかし、一見うまく機能するように見えるこの評価制度にもいくつかの難点があります。実績成果の計量にみなの納得がえられるためには極めて煩雑な計測手続きを必要とすること、しかもどんな複雑な計測手続きをもってしてもすべての環境条件差を網羅的かつ公平に織り込むことは不可能なこと、したがってかけたコストに見合うだけの納得性を広く獲得することは難しいこ

となどの難点です。強いてそれを行えば、人間関係をぎくしゃくさせることにもなりますし、ひいては狙ったはずの組織効率をかえって阻害することにもなりかねません。そうなると、人間集団がもつはずの野生的な活力や原初の瑞々しさや内容豊富さが削ぎ落とされて組織はぎすぎすした干からびた機械的で無機的な機構になり果てます。そこでは、人もまた目先の成果評価の対象となる項目だけを追求しようとする世知辛い機能存在となり果てます。人間的触れ合いや情緒的協働、多様なコミュニケーションなどは無駄なもの、価値のないものとして退けられることにもなりかねません。ありえたかもしれない人物主義の理想も、年功主義のもつ人間的温もりも、能力主義のもつ相互啓発的側面もそこからは失われます。自分の成果評価だけにすべての関心が集中して他との協働も阻害されます。やがては、自分の将来の夢も楽しいはずの生活設計も思い描けなくなります。自分一個の成果評価のためなら他は一切顧みないという悪弊すらも蔓延し、場合によっては陰湿なパワー・ハラスメントが横行したり、ときそれが組織不祥事の温床となったりもしかねません。

要するに、成果主義評価が多少なりとも意味をもつのは、それが所詮は仮構的な数値指標でしかないことがみなに正しく認識されているときだけです。したがって、その使い途にはおのずから限界が付されます。そうでなければ複雑性を特徴とする瑞々しい人間活動を痩せた狭小な領域に閉じ込めてしまうことになりかねません。それでは人間力経営の最も豊潤で貴重な部分がすっぽりと抜け落ちてしまうことになります。

以上、①〜④のうち、どのような評価制度を採用するにせよ、それぞれ多かれ少なかれ限界がありますし、どれも制度的欠陥と無縁とは言えません。したがって、現実の企業ではこの①〜④を適宜に組み合わせてそのような制度的欠陥を免れようと努めます。その試みの例が「貢献度評価」です。貢献度評価は①〜④の総合です。評価制度はあまりに精緻・煩雑であってはかえって機能しない、一人ひとりの環境条件の差異など考えうるすべての事項を織り込んだ統合的な評価システムなど不可能である、どこかで妥協しなければならない、そこで案出されたのが、ここで述べる自己申告をベースにした貢献度評価です。

貢献度評価は、おおよそ次のステップを踏んで行われます。

① まず、社会的貢献、ステークホルダーに対する責任から組織目標が明示されます。

② 次いで、その組織目標に対して自分は何をもって貢献しようとするのかが、成員各人によって（複数の評価項目のなかから評価者との対話を通して）選定されます。

③ 成員各人はその具体的目標についてその達成程度と達成時期を（評価者との摺り合わせを通して）自己設定し実践します。

④ 一定期間後（半年後ないし一年後）にその達成状況が自己および評価者によって検証されます。

⑤　その結果を踏まえて次の目標が再設定されます（詳しくは第十一講で述べます）。

このような目標の明示・選定・実行・検証・再設定のプロセスを評価者とのコミュニケーションを通してスパイラルに発展向上させることで組織目標への各人の貢献度を経年的に把握評価する仕組みが貢献度評価です。そこでは人物、年功、能力といった属人的あるいは抽象的な評価規準や実績成果といった座標軸の不確かな数値的評価基準は、前面には出てこず背景に引いています（背景にあって機能しています）。表出化されるのは、自分と評価者によって共同設定された目標座標だけです。評価されるのは座標系における目標達成のベクトルとスピード、およびその測度（強度）のみです。

評価者との対話を通して組織目標とのベクトルの調整が行われ、他の成員との間で目標難易度のバランスが取られ、目標と達成状況とのギャップが検証されます。そのギャップ分析の過程を通して、いま何が組織課題であるか、自分にとって何が役割課題であるかが、評価者、被評価者双方にとって明らかになる、ここに貢献度評価のポイントがあります。

人物主義、年功主義、能力主義、成果主義にはそれぞれ一長一短があります。したがって経営が置かれた各局面に応じて、あるいは各部署の特性に応じて、それらを適宜組み合わせるなり、そのうちの最も相応しいものを選択するなりして、できる限り公平性と納得性のえられる評価制度を採用することが肝要ですが、人物主義、年功主義、能力主義、成果主義はいずれも総合的人事考課の観点からすれば、要素還元主義的な発想を引きずっており、場合によっては差別化のための差別化装置として機能しかねない点には注意を要します。その点、最後に述べた貢献度評価は生命論的生成プロセスそのものに焦点化されており、その弊を比較的に免れていると言ってよいでしょう。

第九講

卓越者リーダー

結局のところ人事評価制度の狙いとするところは、組織内において卓越したリーダーをいかに育成し、選抜し、しかるべきポストに配置するかに尽きます。それさえきちんとできていれば、組織はどのような困難に遭遇してもそれに呑み込まれることはありません。むしろ、それをバネにしてさらなる発展を遂げていくことができます。

この第九講では、卓越者リーダーとは何者であるか、その育成、選抜、配置の機序について考えることとします。

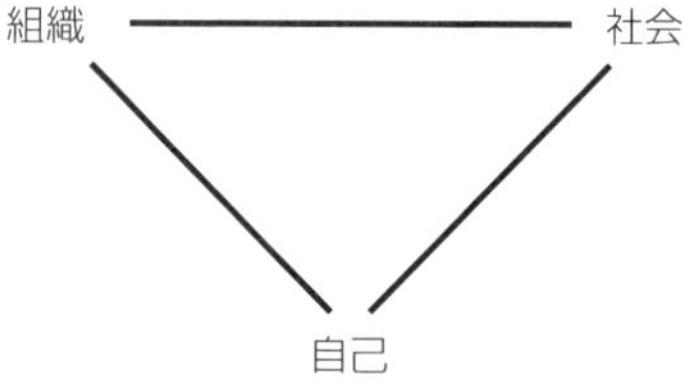

図10

組織成員の意識パターン

最初に、卓越者はエリートとは違うことをはっきりさせておきます。エリートには初めからイヤーマークされた選良というイメージがありますが、卓越者は誰でもがなれる存在者です。つねによりよき自己を目指して極限まで努力する人間であるならすべてが卓越者たりえます。真摯に生きているあなた、そのあなたが卓越者である、これが本講が伝えたいメッセージです。

さて人間は、この世にあっていくつかの局面を生きています。〈図10〉をご覧ください。

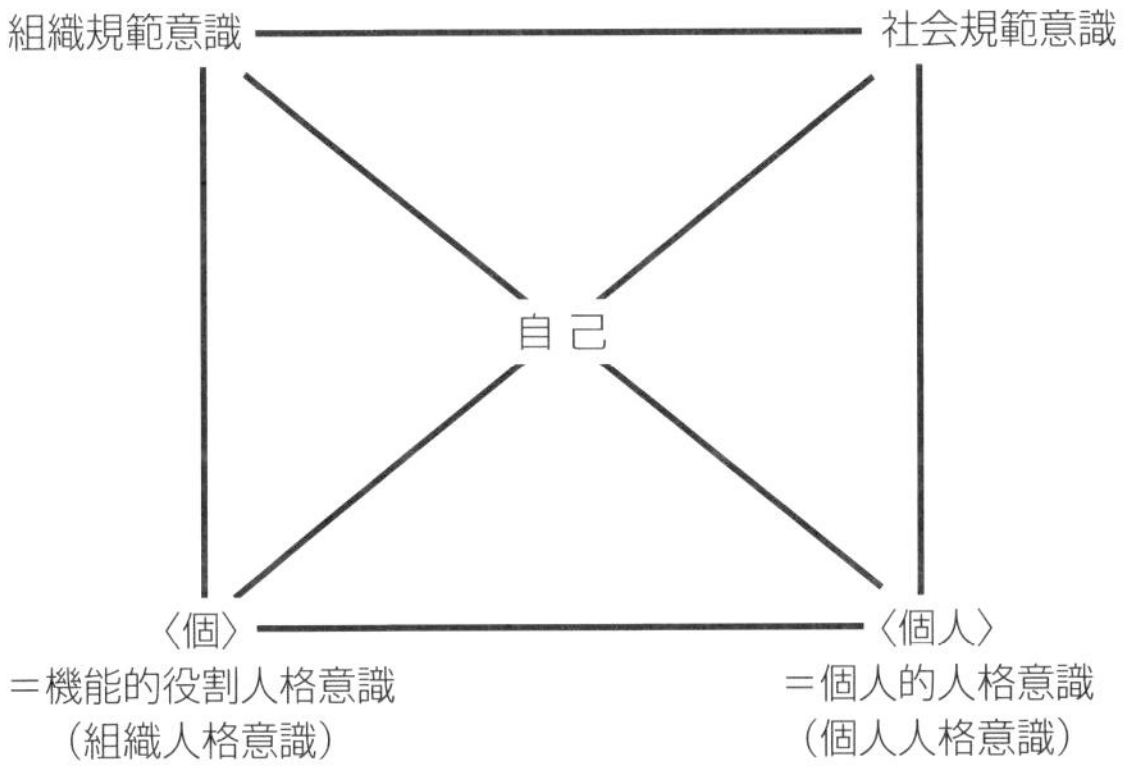

図11

人間は、組織と社会とに等分に関わっていくなかで、「自己」なる存在を生きています。その際、この「自己」なる存在は〈個―個人〉という二つの人格の間で生きることになります。〈個〉とは企業組織などに属して機能的役割を担う自己であり、〈個人〉とは一個独立の社会人として人格的自己を生きる自己です。そして、組織人としては組織規範意識をもって、社会人としては社会規範意識をもって生きています。〈図11〉がそれを示しています。本図ではそれを意識面から捉えています。

つまり、機能的役割人格意識をもって生きる〈個〉（組織人格意識をもって生きる自己）であると同時に、個人的人格意識をもって生きる〈個人〉（個人人格意識をもって生きる自己）でもあるという、いわば引き裂かれた自己矛盾的状態を人は生きているということです。（西田幾多郎の言辞をもってするなら「絶対矛盾的自己同一」を生きる自己ということになりましょう）。もう少し敷衍するならこういうことです。人間がこの世を生きていくには「自己なる存在」を自由に生きる自分、すなわち一人格として自存しなければならぬ「個人」と、企業組織など社会にあってつねに「全体」の秩序を顧慮して生きる自分、すなわち組織（会社）内で一つの機能的役割を担わねばならぬ「個」との間で多かれ少なかれ何らかの軋轢や葛藤を抱え込まざるを得ません。人はその〈個人―個〉の間を何とか調停しながら生きています（「孝ならんとすれば忠ならず、忠ならんとすれば孝ならず」はその表徴です）。経営学者・社会学者のバーナードは、前者を個人人格、後者を組織人格と呼び、この両人格の間をどう統合するかに組織問題の根本を見ています（バーナード『経営者の役割』〈ダイヤモンド社〉）。したがって経営にとっても、「自己の自由」・「個人」と「全体の秩序」・「個」のどちらにも偏らず、その間でどう適切にバランスを取って組織運営を行うかは基本問題の一つとなります。「自己の自由」・「個人」サイドに偏りすぎると組織はばらばらになって統制が取れなくなるおそれがありますし、「全体の秩序」・「個」に囚われすぎると組織は形式化の弊に陥って逼塞してしまう可能性があります。

組織メンバー個々人にとっても問題は同じです。この「自己―全体」「個人―個」の間の自己内矛盾をバランスよく調停しえた者にしてはじめて、組織の抱える根源的矛盾（利益追求と社会的責任の間の矛盾など）もまたよりよく調停することができる道理です。組織（人）が抱えるこれらの「間」の矛盾を最もよく調停しえている者のことを本書では卓越者と呼んできました。

〈個人〉は一個の社会人として社会規範意識をもって生きていますし、〈個〉は一個の組織人として組織規範意識をもって生きています。両意識の間には矛盾葛藤があります。ときには、組織利益追求が社会規範に反するとして批判されることもありますし、一人の人間として組織規範意識（組織が求める組織人としての役割意識）と社会規範意識（社会人としての個人人格意識）の間のギャップに悩むこともありえます。〈図11〉の各線で結ばれた各意識の間には多様で重層的なさまざまな矛盾葛藤があります。これらの相矛盾するものの間を自分なりに「自己」なる存在において調停しながら人は日々の生活を営んでいます。そのなかで卓越者が育まれます。いわば、矛盾調停の場こそが卓越性が育まれる源境なのです。本講で言う卓越者リーダーはこれら諸々の矛盾葛藤を何とか調停しようと努力している存在者です。

「間」から卓越性が創発する経緯についてもう少し敷衍します。卓越者とは上記のように誰でもがなれる存在ですが、さらにその上で、何よりも知的な面で英知的に卓越者でなくてはなりません。

卓越者はいわゆるエリートとは違います。エリートには前記しましたように閉じたヒエラルキーのなかで初めからイヤーマークされた特権的選良、あるいは権力を分有する者同士が形成する支配者層、ないしは指導的地位にある少数者というイメージがありますが、卓越者はエリートと違って特権的でもなければ権力的・支配的・指導的地位とも関係がありません。誰でもがそうでありうる、組織内外に開かれた英知的存在者です。つまり、職位・職階とか地位・肩書を離れてもなお組織内で一定の知的影響力を行使できる存在であってはじめて卓越者と言えます。

たとえば、経営会議を構成するのは組織における卓越者中の卓越者でしょうが、部長や課長クラスにも卓越者はいますし、若手社員のなかにも、さらには今年入社したばかりの新入社員のなかにも人格的に卓越した可能性素材は必ずいるはずです。つまり、卓越者は閉じたヒエラルキー的枠組みを超え出たシンボリックな存在者なのです。その卓越者たちを一つの求心的統一体へと統合し、そこに形成される中心軸の周りに組織成員それぞれがもつ卓越性をより効果的に動員できたとき、その企業は卓越性によって位階づけられた（卓越者によって階等的に秩序づけられた）サブライム・カンパニー（卓越した会社）となります。

その中心軸となる「卓越性の位階秩序（卓越者の階等序列）」へ向けて組織成員全員が自発的・自律的・求心的に自己同一化を図ろうとするとき、会社は卓越性（卓越者）によって自己組織的に秩序づけられた組織体となります。それがもつシンボル作用によって、「自己の自由」と「全体の秩序」の間のアンビバレンス、個人人格（個人）と組織人格（個）の間のアンチノミー、組織と社会の間の矛盾葛藤も、組織規範意識と社会規範意識の間のギャップも、完全に解かれることはないにしてもよりよく解かれます。

そのためには卓越者は、人間的（力能的）実質において他に抜きん出ていることはもちろんですが、何よりもシンボルたるに相応しい優れた人格的資質を備えていなければなりません。その美的シンボルとしての卓越者たちが卓越性の階序のどこに位置するかに関係なく、備えるべき特性には何らかの共通項があるはずとの見地から、その卓越性の内実を以下で探っていきます。〈図12〉をご覧ください。

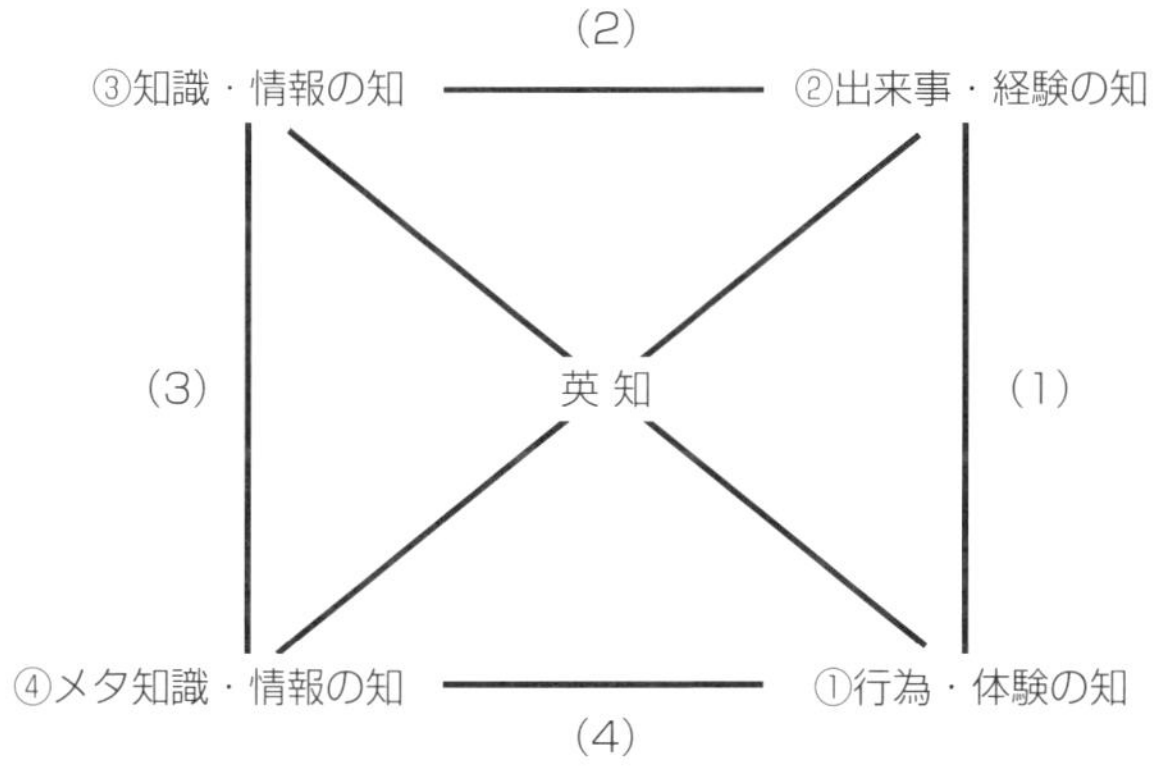

図12

卓越性とは何か

個人人格は①行為・体験の知の主体です。行為・体験の知はそれだけではまだ個人の暗黙知にとどまります。それは他者との間で共同化されねば生きた知としては働きません。

（1）つまり知を②出来事・経験の知にするのです。社会的に共同化するということです。

（2）次いで、その出来事・経験の知は③知識・情報の知へと表出化されなくてはなりません。出来事・経験の知はみなが反復利用できるよう目に見える形で編集される必要があるということです。そのビジュアル化がここで言う表出化です。いわば知財の組織内共有化です。

（3）知識・情報の知は次いで〈知識・情報を活用する知識・情報〉、すなわち④メタ知識・情報の知へと連結化されます。連結化とは分かりやすく言えばシステム化のことです。知識・情報の間に相互連絡をつけて異分野の知識・情報でも自分に有用なものであれば積極的に取り込んでいくことができるシステムです。それができるためには知識・情報は数値化されたり論理計算式的に構造化される必要があります。それによって組織は定型的・効率的に事態を処理することが可能になります。その数学的処理を施された知識・情報のことをここではメタ知識・情報と呼びます。

（4）メタ知識・情報はみなに反復利用されることを通して、そこから新たな知を創発させます。異分野の知の交配から生まれるこの新たな知は行為・体験の知として再活用化されていきます。こうして知は循環します。

このように、多様な知価資源を反復活用が可能なように経営資源化するためには、組織（および組織人）の英知が求められます。本講で卓越者と名づけているのはその英知の担い手のことです。そして、このような英知のサイクルを不断に循環させる人格特性が卓越性です。行為・体験、出来事・経験、知識・情報、メタ知識情報のこのサイクルを統合的に回すなかで組織自体にも卓越性が備わっていきます。

〈図12〉で示した英知のサイクルを整序し直せば〈図13〉のようになります。本図に示すように、そこには〈暗黙知・身体知・言語知・メタ言語知（関数知）〉の働きがあります。本図は野中郁次郎氏の諸説をその語用とともに参照させていただきました。

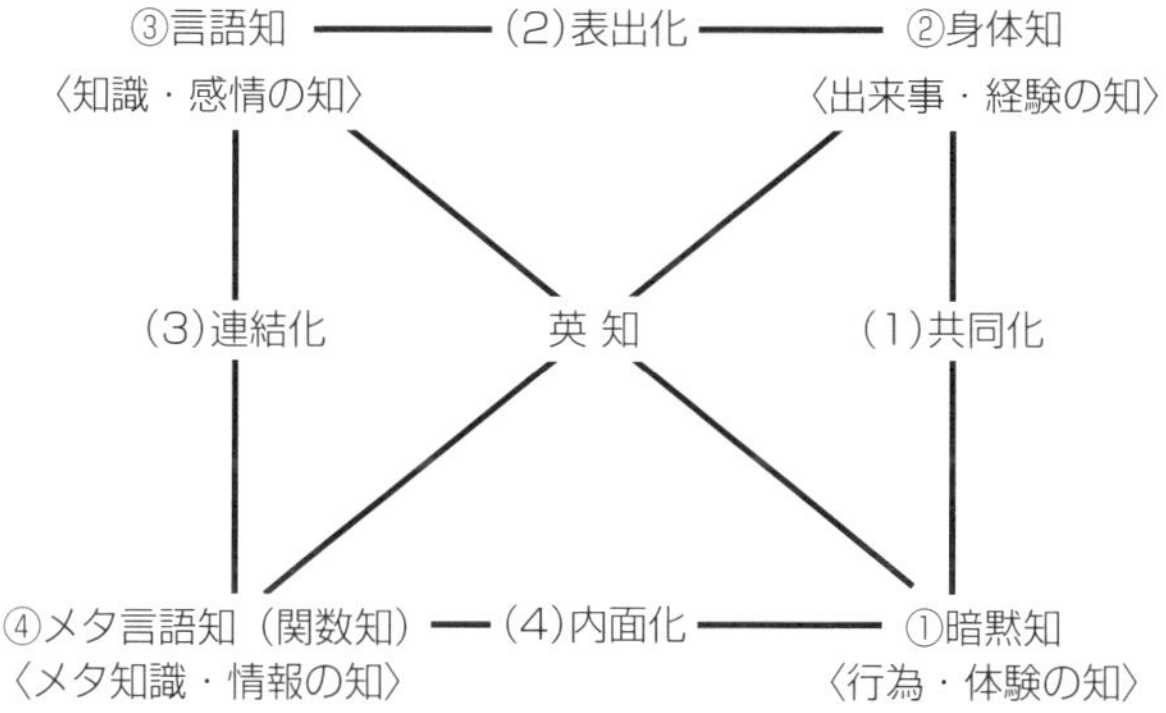

図13

行為・体験はあくまでも個人の①暗黙知に関わります（西田幾多郎の言う「行為的直観」によって獲得される知に相当すると見てもよいでしょう。この段階ではまだ自分だけの知にとどまっていて、知は他者とは共有されていません）。

（1）暗黙知が他者と共同化可能な出来事・経験の知となるためには、それは②身体知化されなければなりません（身体行為的な他者連関が形成されてはじめて、すなわち暗黙知の身体知化によって）行為・体験は出来事・経験化されます。

（2）次いで、身体行為連関は言語行為連関へと表出化されます。つまり、身体知が③言語知へと連接され、それによって出来事・経験は知識・情報化されます。

（3）言語知はやがて言語を記号化して連結する④メタ言語知を発達させます。それによって物事の記号計算・論理計算が可能になります。物事を関数方程式的な相関のなかで理解し、あるいは把握し、処理できるようになります。そこに生まれる知を本講では関数知と呼びます。

（4）関数知は物事をシステムとして整序する知ですが、そこからもさまざまな知が創発します。その知はまた各個人の暗黙知として内面化されます。その内面化された知はやがて他者と共有され共同化されます。こうしてサイクルは繰り返されます。

この暗黙知・身体知・言語知・関数知の各知は、複雑な現実事象をわれわれが分節化して理解していく際に働かせている知です。

暗黙知は情動（感性）の暗黙次元世界をいわば「切りわけ」ていく知であり、身体知は暗黙知を身体図式によって「身わけ」（清水浩）ていく知、言語知はそうやって獲得された身体知を言葉によって「言《こと》わけ」（丸山圭三郎）ていく知、関数知は言語知を記号の体系として捉え直しそれを関数方程式的に「仕わけ」ていく知、そう理解してよいでしょう。これらの「切りわけ」「身わけ」「言《こと》わけ」「仕わけ」の各プロセスは複雑性を縮減するための知的操作プロセスですが、同時にそこから新たな知を創発させるプロセスでもあります。

しかし、留意しておかねばならないのは、下手をすればこれは知が原初の瑞々しさを失っていくプロセスでもあるということです。上記の知のサイクルが回されていくなかで、余剰分が切り捨てられたり、乱雑性が縮約されたりすることで、知が痩せ細ることも起こりうるということです。そうならないよう、その瑞々しさをどう賦活化しつづけるか、それが卓越者の仕事です。

われわれの住む知の世界はこのようなプロセスが幾重にも重なりあってスパイラルに進展する、いわば複雑性の錯綜体です。この知の渦巻く組織場を、組織の中枢にあって統摂しているのが本講で言う卓越者リーダーです。卓越者リーダーとはこれらの知のサイクルを自身の知力で回転させる英知存在のことです。

卓越者リーダーについてこれまで述べてきたところを一覧的に図表化して示せば次の〈図14〉のようになります。

最上層階に配したのは55ページ〈図2〉で示した〈組織（およびその成員の組織内における）行動パターン〉です。

真中の第二層階に配したのは133ページの〈図11〉で示した〈組織成員の意識パターン〉です。各意識パターンの間に配した〈義務感・責任感、統合感・充足感、役割意識・効力感、使命感・意欲〉などは、私見によるものです。私見では、個人人格は道徳感情の担い手ではありますが、それは社会規範意識へと連結されてはじめて社会的に意味あるものとなります。そして、その連結を通して人は〈統合感・充足感〉を体現する主体となることができます。また、人は何らかの組織に属することで社会人として生きていくしかありません。自営業の場合であっても、取引先や顧客との間で何らかのネットワーク〈組織〉を作らねば生きていけません。そこに胚胎するのが組織規範意識と社会規範意識との間の矛盾葛藤です。その矛盾葛藤は解かれねばなりませんが、そのなかで人は〈義務感・責任感〉を覚えます。逆に、〈義務感・責任感〉をもつからこそ人はその矛盾葛藤を解くことができるとも言えます。また、組織人として生きるということは、その組織がよって立つ論理と自分が抱懐する組織人としてのあり方との間でなにがしかの葛藤を抱え込むということでもあります。この間の葛藤も調停されなくてはなりません。そこから健全な〈役割意識〉も育ってきますし、その調停を通して〈効力感〉も湧いてきます。逆に、〈役割意識・効力感〉があればこそ、その葛藤を解くことができるとも言えます。また、この組織人としての個は、同時に個人人格をもった個人でもありますから、その両者の間でも矛盾葛藤を抱え込まざるをえません。組織人として機能的な役割を分担する自分と一個独立の社会人として生きる自分との間の葛藤です。この両人格の間を調停することができるのは、〈使命感〉であり、それによって呼び起こされる〈意欲〉です。〈意欲〉に裏打ちされた〈使命感〉と言ってもよいでしょう。それがあってはじめて個と個人の間の矛盾葛藤は解くことができます。

以上は、お断りしたように、あくまでも私見です。みなさんも自分で適当と思われる言葉を各象限に配置してみてください。

最下層階に配したのは〈図12〉と〈図13〉で示した〈英知のサイクル〉です。すでに説明しましたので解説は省略します。

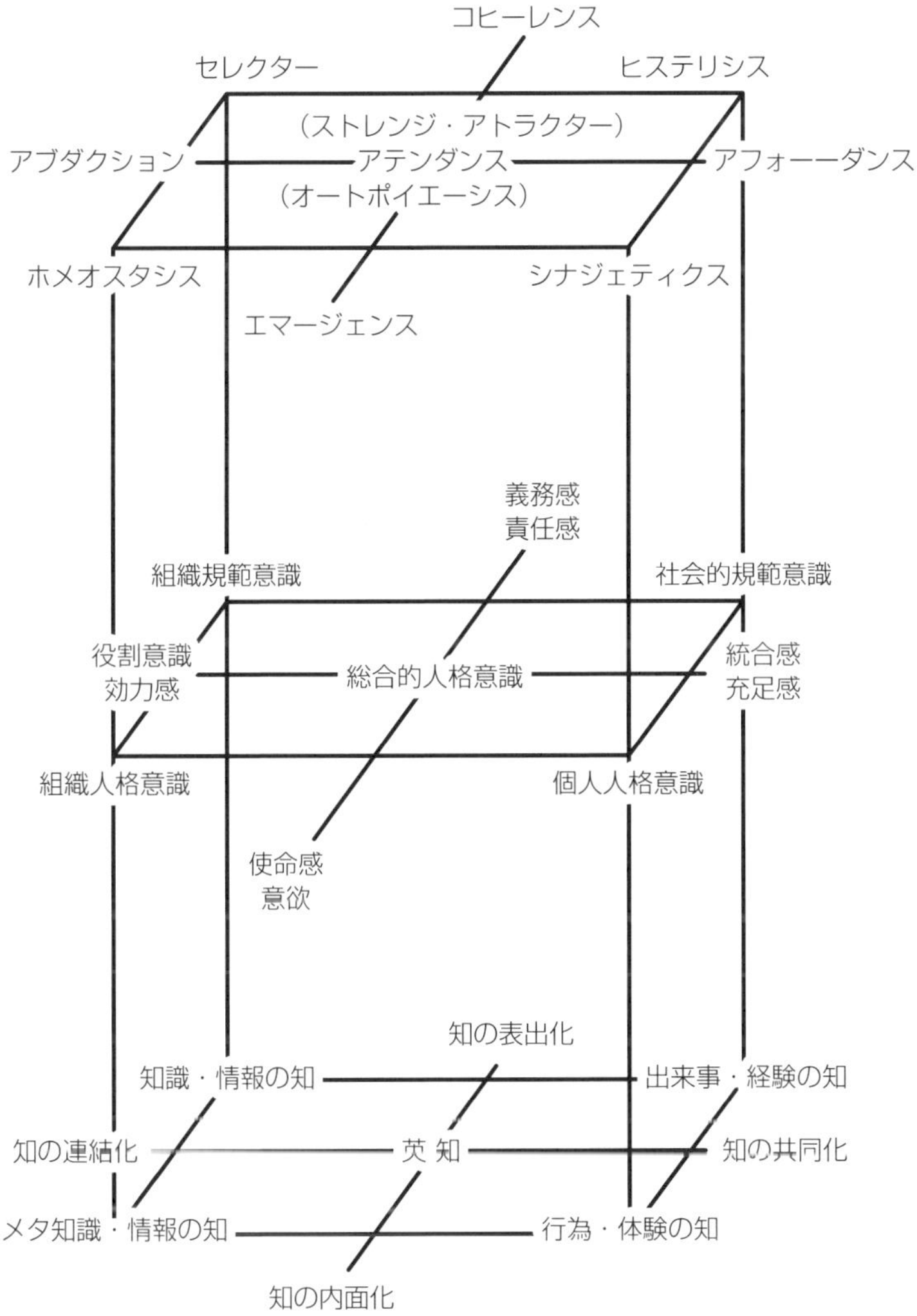
コヒーレンス
セレクター
ヒステリシス
（ストレンジ・アトラクター）
アブダクション
アテンダンス
アフォーダンス
（オートポイエーシス）
ホメオスタシス
シナジェティクス
エマージェンス
義務感
責任感
組織規範意識
社会的規範意識
役割意識
効力感
総合的人格意識
統合感
充足感
組織人格意識
個人人格意識
使命感
意欲
知の表出化
知識・情報の知
出来事・経験の知
知の連結化
英 知
知の共同化
メタ知識・情報の知
行為・体験の知
知の内面化

図14

これらの各層階、各パターンを一身に統合的に体現しているのが本講で言う「関係的自立存在」としての卓越者です。つまり、卓越者とは、各項間の相関をわきまえ知った上で、その中心にあって「関係性」「自立性」を主体的に体現しえている存在者のことです。言いかえれば、本図の中心軸の周りに自己の人間諸力を糾合して揺るぎない「関係的自立」を保持しえているのが卓越者だと言えます。その卓越者によって組織が編成されるなら、組織もまた卓越した「自立的関係存在」として自らを保持することができましょう。しかも、これらの統合的諸関係はつねに動的に、ダイナミックに再編成されています。

「自立的関係存在」について補足します。51ページの〈図1〉では、本図の右側サイドを関係性＝アフォーダンス、左側サイドを自立性＝アブダクションと捉え、63ページの〈表1〉でその中心軸に関係的自立性＝アテンダンスを配しましたが、本図〈図14〉は、その総合的進化発展型ということになります。そのような「関係的自立存在」が多数集まって、たとえば企業のような組織集団を作るのですが、そこでは各メンバーは多少なりとも自己の「自立性」を括弧に入れて、もっぱら「関係性」に配意した自己制御を行わねばなりません。自己の「自立性」を没却するわけではありませんが、幾分か（あるいは多分に）「関係性」に力点を移さざるをえないということです。このような組織人としてのあり方を「自立的関係存在」と呼ぶこととします。各人がそうなることで組織もまた「関係的自立存在」でありつつ、同時に関係性ネットワークの方に力点を置いた「自立的関係存在」となります。

本図〈図14〉の第一層の英知レベルでそのサイクルを力強く回すことで、第二層の意識レベルがつねに活性化され、そうすることで第三層の組織行動レベルが活発に働きます。この力動の中心にあって全体を駆動するのが関係的自立存在者にして英知的存在者である卓越者です。

しかし、この議論にはみなさんも気付かれるように、どこかで何か一つ欠けているところがあります。つまり、卓越者は何を動機に、何を目標に自らをそのように駆動するのかという問題です。

結論を先に言えば、〈「卓越性の位階秩序」が組織内に象徴的に形成され、組織成員各メンバーはその象徴的階序のより中枢へ向けて、さらにはそのより上層を目指して、自らを統合一体化させようと努力する〉からです。そこにあるのは自己言及的、認知フィードバック的自己励起です。

関係的自立存在としての卓越者の「関係性」認識にはこの〈階序についての自己認知判断〉が含まれますし、「自立性」認識にはこの〈階序の中で自分の占める立ち位置をより中枢化し、上層化しようとする自己励起意欲〉が含まれます。

この点については、次の第十講でもう少し詳しく話すこととします。

第十講

卓越性の位階秩序

組織とは何か、これまでの文脈のなかで改めて定義し直せば次のようになります。

「どのような環境変化にあっても、求心性によってつねに統一的秩序を保持しつつ（ストレンジ・アトラクター）、自らの動的安定性を自己組織的に保っており（オートポイエーシス）、周りの環境と共鳴・共振しつつ（シナジェティクス）、その経験を自らの履歴性として活かしながら（ヒステリシス）、自らが産出した自己拘束条件と相互作用するなかで環境選択性を強めていくことで（セレクター）、その斉合性を状況整序的に保持する問題解決系である（ホメオスタシス）」

卓越性の位階秩序

このような動的組織体制を意識の面および知力の面で根底的に支え、それによって組織活性を最大限に賦活しえているのが本講で言う関係的自立存在（補講二で詳しく話します）としての卓越者ですが、しかし、完璧な卓越者などは現実には存在しません。みなそれを目指して努力しているだけです。そういう意味では、前講143ページ〈図14〉はそれ自身のうちに構造的な揺らぎを内包していると言えます（それはいわば絶えず揺れ動く自他の眼差しの志向的彼方に辛うじて焦点化される象徴、揺らぐ射映像であって、けっして不動の実体などではないということです）。だからこそ、卓越者は現実の自己をさまざまに調律しつつ、あるいはそれらを近似的あるいは憧憬的に演じ分けながら、「現実」の複雑事象に柔軟に対処していけるのです。

その調律、演じ分けを通して集団事象として組織内に現出してくるのが「卓越者の階等序列」です。「卓越性の位階秩序」はあくまでも〈あるべき象徴〉ですが、「卓越者の階等序列」は現実に〈ビジュアル化された人的序列〉です。たとえば、社長・部長・課長・係長といった職位序列であったり、資格職階制度のなかでの参与・参事・主事などといった資格の格付けであったりします。したがって、象徴としてのあるべき「卓越性の位階秩序」と、この現実としての「卓越者の階等序列」との間を、できるだけ齟齬なくマッチングさせるのが組織における人事運営の要諦ということになります。

組織成員メンバーは、目の前にある〈ビジュアル化された「卓越者の階等序列」〉のより中枢へ向けて、さらにそのより上層を目指して各自努力します。組織成員各人のそのような努力を通して組織内に象徴としての「卓越性の位階秩序」がおのずと形成されていく、そのなかで卓越者リーダーが育っていく、ということです。つまり、卓越者が揺らぎつつ自己形成していくプロセスのなかで、そのプロセスに同期しながら、卓越者同士が互いに相手を参照しつつ、そこに一つのシンボル体系として「卓越性の位階秩序」を形成していくプロセスが同時に進行する、ということです。

そのシンボル体系がビジュアルに具現化された「卓越者の階等序列」によって、組織は求心的に秩序づけられます。この求心的秩序づけがなければ、内外に開かれた経営空間は百家争鳴状態となってその内発する熱量によって蒸発してしまいかねません（具体的には、離職者が増える、あるいは内部軋轢によってモラールが低下するということです）。権力行使的（強権的）秩序化を避けて自己組織的秩序化を目指すなら、みなをそのもとへと糾合するシンボル体系、およびその具現化された人事階序の形成が欠かせないのです。

もう少し敷衍します。卓越者はそれ自身が組織の美的シンボルであると同時に、卓越者によって形成される具現化された「卓越者の階等序列」もまた（その背後にある理念的な象徴体系としての「卓越性の位階秩序」の写像として）、組織成員を秩序づける組織の美的シンボル体系なのです。シンボル体系という意味は、それが一種の仮説体系だということです。それはいわば仮構された約束事として（たとえ幻想であっても）、成員同士および成員と組織の間を架橋する繋索（あるいは架橋のための共通基盤）となります。言いかえれば、この仮構された仮説体系がいわば場のロードマップあるいはランドマークとなることで、組織成員は自らをその場へと馴致・適合・糾合させることが可能となるのです。

階等序列は（成員からすれば規範化された統合的階序と見えても）、現実には数多くのアクセス・ルートを備えた柔軟性・多様性を備えた複合的階序であって、そのどこにどういう方向からアクセスするかの自由はすべての組織メンバーに対し平等に開かれていなければなりません。卓越性への希求をもつ者なら誰でもが、卓越性のより中枢部へ向けて、さらにより高次の位階へ向けて、その多様なアクセス回路のなかで、自分を柔軟に鍛練する（アプローチさせる）ことができねばなりません。その自己鍛練（アプローチ）のプロセスのなかで、「卓越性の位階秩序」がもつシンボル性はますます強められていき、その強化されたシンボル性のなかで、「卓越者の階等序列」それ自体が組織の目に

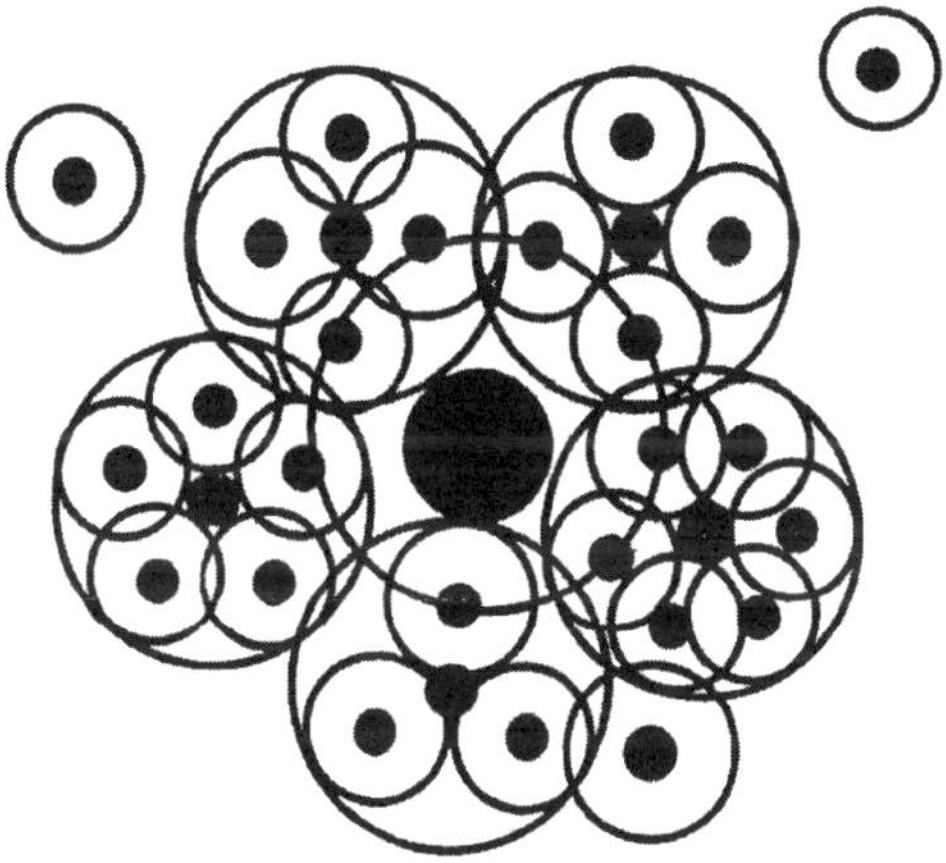

図15：本図は、パトリック・アーバンクロムビーによる
“クラスター型サテライト図式”
（シビル・モホリーナギ『都市と人間の歴史』254頁より）

見る美的シンボルへとさらに育っていくのです。こうして組織は卓越者の集団となります。言いかえれば、自己練成とそれによる「卓越性の位階秩序」の形成をまってはじめて、組織は規範的（シンボリック）に秩序づけられるのです。

旧来の組織モデルであれば卓越者はピラミッド型の組織の上層部に集まることとなります。しかし、美的シンボルとしての卓越者は組織の上から下まで、中枢から周縁まで満遍なく自在に配置されることとなります。そうしてやがて組織全体が卓越者によって織り成される共同体となります。その卓越者共同体をイメージ的に図式化すれば、旧来のピラミッド型のヒエラルキー的組織構造と違って、〈図15〉に示すような、フラットないわばクラスター型のネットワークとなります。

卓越者は図の黒点のように組織内の各所に満遍なく配されています。それぞれが責任テリトリーを有し、それらは一部は重なりあったり、一部は離接的に相互作用しあったりして、ビジュアルに、あるいはアンビジュアルに、複雑な、しかし一つのまとまったネットワークを形成します。全体として最も光り輝いているのはつねに顧客・マーケットと接している周縁部であって、トップマネジメントやミドルマネジメントの卓越者はその内部（中枢部）に隠されています（隠されていてもよいのです）。卓越者トップは組織の中核にあって卓越性の全体を束ね、卓越者ミドルはネットワーク結節点にあって相互を緊密に結びつけます。卓越者トップの仕事はその中心軸（中核価値）を曖昧化しないことであり、卓越者ミドルの仕事は現場の輝きを損なわないようそこに空隙や不純物を混入させないよう見張ることです。

旧来のピラミッド型の組織モデルでは、卓越者の階序がそのまま権力階統（職務・権限のヒエラルキー秩序）となり、そこでは新入社員（あるいは女性）がその階等を駆け上がるのには膨大な時間と努力が要ることになります。そこに存在するのは基本的に競争・差別・排除の論理です。

それに対し、本図のようなサテライト図式では卓越者の階序は組織のなかの空間的配置に置き換えられています。職務・権限上のヒエラルキー的組織体制は、役割・責任分担上のテリトリー的組織図式へと移行しています。したがって、卓越者であるなら誰であれ、本図のように入れ子構造化されたフラットな階序システムのなかの周縁部にあっても（あるいは周縁部であればこそ）、その存在を輝かせることができることとなります。そこにあるのは差別・排除の論理にかわってチャレンジと参画の論理です。言いかえれば、組織成員の誰にでも、いつでもどこででも、卓越者存在になる可能性が開かれているのです。なお、このフラットなサテライト図式は動きのない固定的な配置ではなくつねに揺動し組み替えられているのが特徴です。

問題は、これまでのピラミッド型とは違う、このような新たな組織図式をどう形象化して示すかです。組織成員メンバーがそれを目印にして自らの立ち位置を確認し、その配置図式のより中枢を目指して頑張れるような「組織図」の考案です。たとえば、職場配置図のような組織図式がそれに相当します。それは、たぶん〈図15〉を模したようなリゾーム状に伸び広がっていくようなサテライト図式となるはずです。黒点部分にはその人の氏名とともに組織上の役割分担などが付記されることになります。そうなれば、組織メンバーは自分の仕事がどの部署のどのメンバーと密接に繋がっているかをビジュアルに知ることができます。それができれば情報の共有、協働の組成にも有効に資することができます。

しかし、忘れてはならないのは、その職場配置図がそのまま「卓越者の階等序列」を表徴するものではないということです。問題は、この両者の間をいかに自在に調停按配するかです。ときには卓越者中の卓越者をあえて周縁部に配置することが必要なこともありえます。組織管理、人事管理の要諦はそこにあります。そのためには、「卓越性の位階秩序」が一方で揺るぎなく確立している必要があります。それができていればこそ、人は自らの職場配置が現実にどこであれ、安心してそれへと柔軟・積極的に対処することができます。要は、「卓越性の位階秩序」形成理念のもとで、「卓越者の階等序列」がメンバー全員の納得がえられる形で具現化されているかです。

卓越者の単なる集合からは場の秩序は生まれません。そこには位階秩序化のための内発的契機がなくてはなりません。その内発的契機となるのがシンボル体系としての「卓越性の位階秩序」です。そのシンボル体系へ向けて各メンバーは求心（志向）的に自己鍛練します。すなわち、より高い卓越性を目指して各メンバーが自己鍛練するなかで卓越性に基づく位階秩序が自己組織的に形成され、それによって経営空間は内発的・自律的・求心的に秩序化されるのです。こうして「卓越性の位階秩序」によって場が規範的に秩序づけられると、組織はますます卓越性によって構成される規範集団へと育っていきます。そのなかで、各組織メンバーはその位階秩序をイメージ的に参照しつつ、自らの卓越性をどう磨いていくかを学習することになります。

なお、このような卓越性による位階秩序の成立を最終的に保証するのは、組織が有する文化的伝統、さらに言えば、その文化的伝統の正統な継承者たるべき、卓越性のなかの卓越性存在であるトップです。卓越性存在トップが認定する限りはその卓越性の判定において誤るはずがないという信頼がその全体構造を支えます。現実にはトップがすべてのメンバーの卓越性を判別できるわけではありませんし、一般社員からその通り信認されるという保証もありません。しかし、もしそこに不信があれば「卓越性の位階秩序」は成立せず、不満があれば位階秩序は崩れて、組織はアナーキーになります。それを避けるには、卓越者トップは卓越性の判別について自らしっかりした公準を堅持し、それを内外に公言し、その実行において誤ることがないよう不断に自己を公的チェックに晒さねばなりません。トップの仕事のうち最重要の仕事がこれです。

一方、そうやって認定された卓越性存在が、実際の業務面でつねに優れた実績を上げる卓越者であるとは限りません。しかし、そうであっても、それが真に卓越性存在であるならその周囲に卓越したスタッフないしはテクノクラートが集まって彼をサポートするはずです。そのような卓越者テクノクラートの協力を自分の周りにどれだけ吸引できるかもまた、卓越性判定の重要な指標です。卓越性の判定基準は、業務上の成果や仕事上の能力に限らず、正直・誠実・清廉潔白・有言実行・実直・公正・約束を守る・狡猾なところがない・オープンで率直・親切・品格・品性・人望等々の人を引きつける魅力、あるいは人間力・人格力、たとえば、意力・気力・覚悟・才覚・気概、倫理道徳的首尾一貫性・節度・信念・良心などの総合力です。こうして「卓越性の位階秩序」が確立するなら、メンバーは安んじて組織人として自己練成に励むことが可能になります。

問題は、「卓越性の位階秩序」をいかに斉合性をもって「卓越者の階等序列」へと表象化・具現化するかです。そのために、卓越者の評価・選抜のシステムをどう構築するかです。何が評価項目なのか、誰が考課責任者なのか、そのシンボル性を確保するにはどうすればよいかです。次の第十一講で改めてこの点について検討します。

第十一講

卓越者の評価と選抜

「卓越性の位階秩序」が美的シンボルとなり、そのシンボル作用によって「卓越者の階等序列」がビジュアルに形象化されると、今度はその「卓越者の階等序列」それ自体が組織活動のシンボルとなります。その「卓越者の階等序列」がシンボルとして適正に機能するためには、卓越者の評価と選別を過たないことが大事です。

(1) 評価手法

まず、卓越者の評価手法から始めます。

人格的資質・人間的実質が評価の中核となりますが、これまで〈表2〉などで示してきた各項目も評価の対象となります。そのどこに重点を置くかは組織部署によって、またその対象者や用途によって、まちまちであって一向に構いません。最終的にはそれらを総合した組織への貢献度が問題となります。これらの評価項目は「人事考課シート」として様式化されます。(その具体的設計様式は省略します)。

では、組織貢献度はどう評価するか、前に述べてきたところと一部重複しますが、少し詳しく説明します。

経営が、市場、民主主義社会へと開かれていきますと、組織それ自体が知のネットワークによって輻輳的に織り成された一つの知価結節場となります。もともと開かれた存在者である卓越者自身が、開かれたネットワーク上でさまざまな知を一身に体現し演出する一つの知価結節点ですから、両者相まつことで経営空間はますますその「開かれ」と「結ばれ」の度を上げていくこととなります。そして、その開かれ結ばれあった知価結節場・結節点では一切の知価情報バリアーは消滅し、知価エネルギーはますます自由に解き放たれます。その活動圏域では自らを閉ざすような境界壁はどこにも存在しません。中央・周縁の区別もありません。境界自体が融合化しています。融合しているだけでなく、相互交流ないし相互作用の恒常的な揺らぎの場としてすべての圏域（特にその融合場）が活性化されています。そこでは知のネットワークがシナジェティックに共振しあっています。その共振の伝播によって圏域全体から新たな英知が不断に創発します。その共振し創発する圏域において真の卓越者が育ちます。

しかしながら、そのようなダイナミックな圏域が一つのまとまりのある統合的秩序圏であるためには、そこでの英知活動を統摂する求心的な働きが一方にはなくてはなりません。それがなければ英知の熱い活動（揺らぎ）は圏域の外へと散逸し、結局は圏域自体が蒸発してしまいかねません。その求心的統摂機能を果たすのが「卓越者の階等序列」（「卓越性の位階秩序」）であることは前に述べました。

ここでは以上を踏まえて、開かれた英知存在としての卓越者の（開かれた場における）貢献度評価のあり方を検討します。貢献度評価がカバーすべき局面を図式的に示せば〈図16〉のようになります。これは組織の機能であると同時に、それと一体的に融合した卓越者の働きでもあります。した

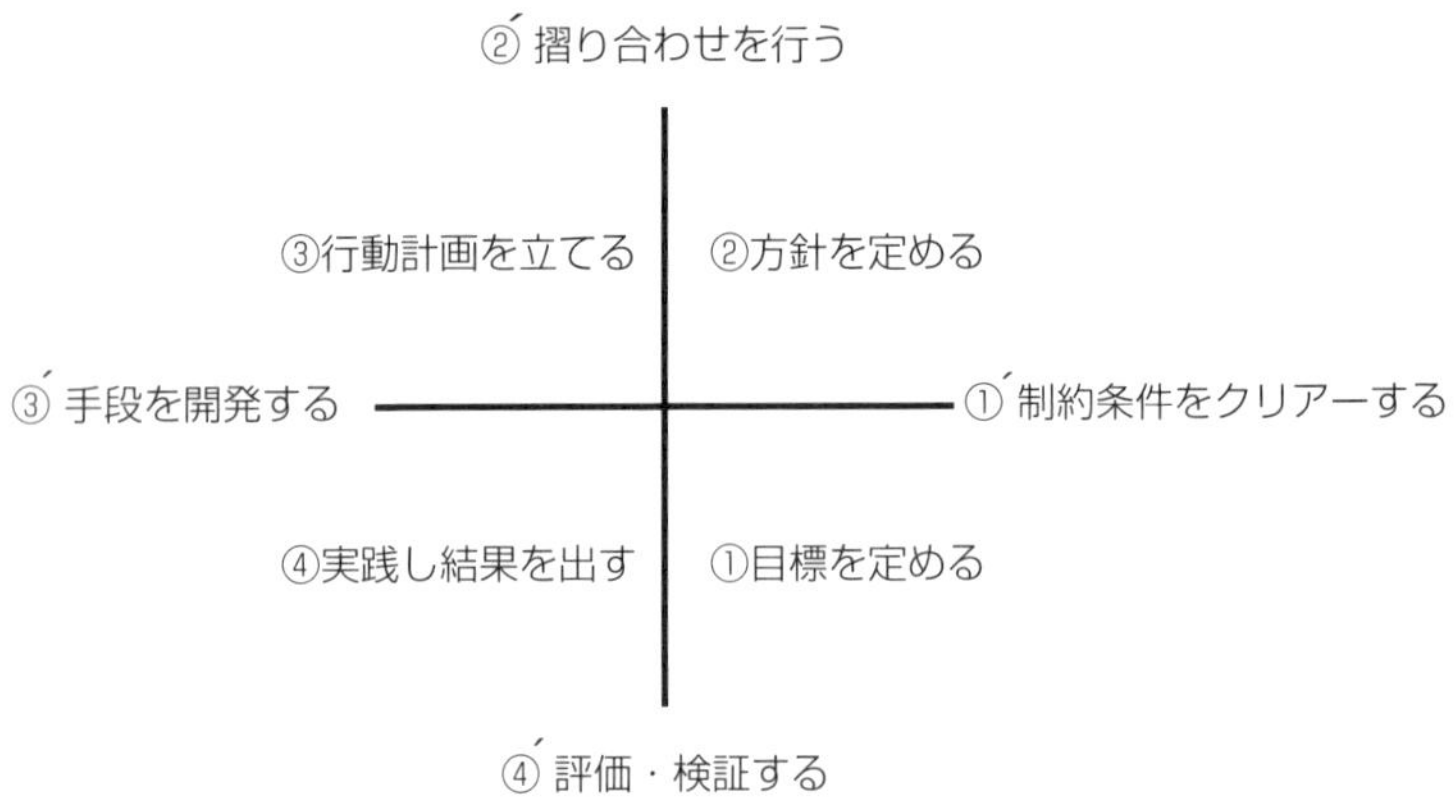

図16

がって、卓越者自身の評価であると同時に、卓越者が所属する組織部署の評価でもあります。両者は切り離せません。

本図は第八講の〈図5〉で示した管理会計の手順と同じです。組織貢献度を評価するには、その公平性・公明性を担保するため管理会計システムによって裏づけられる必要がありますから、両者の管理手法が合致するのはけだし当然と言えば当然です。念のため〈図5〉をもう一度掲げておきます。

まず、最初に①全体目標を定めます（全体計画と整合的かどうかの検討もなされます）。

次にそれが実現可能かどうか①´制約条件を調べます（必要な組織体制が整えられます）。

それをクリアーできたら、②具体的な方針を立てます（リーダーが所管する部門の計画が策定されます）。

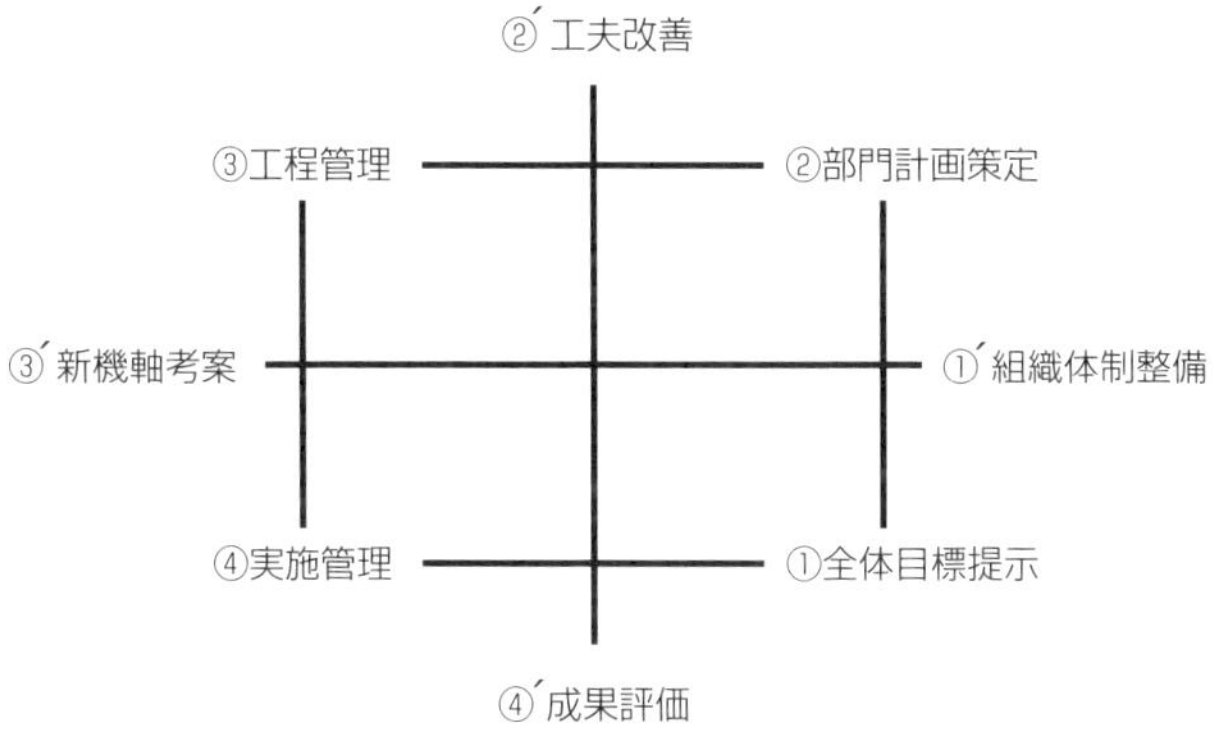

図5（再掲）

そこではさまざまな仮説が試され、②´方策の摺り合わせが行われます（そこには工夫改善がなくてはなりません）。

方針が定まれば③行動計画（工程管理の細目）が決められます。方針と行動計画（工程管理）の間でも摺り合わせが行われます。そのなかで計画も組み替えられます（それは工程管理に落とし込まれます）。

行動計画（実施細目）が決まれば、それを実現するための③´手段が開発されます（そこには新機軸が考案され打ち出されます）。

その上で④実践し結果を出します（実践過程で発生するさまざまな問題・課題をどうクリアーしたかの実施管理も大切です）。

最後に、その結果は当初の目的と整合的であったかどうかが④´評価・検証されます（成果評価です）。なお、実施した結果は再利用可能なように組織の知価資源として蓄えられます。このサイクルは当然ながら各プロセスごとに適宜フィードバックされ、その間のギャップ分析がされます。

ギャップ分析では、併せて、

（1）組織の期待と本人の目標との間の整合性。

（2）ほかとのバランスで見ての目標項目および目標水準の妥当性。

（3）実践過程において無駄やロスはなかったか、そのスピードと払われた努力の適切性。

（4）実践過程において他者からの協力はどの程度調達されたか、あるいは他者への協力はどうなされたかの協働性。

（5）実績結果として社会一般およびステークホルダーからの満足は十分に得られたか。

（6）総じて目標と貢献度評価との間に十分な適合性があったか。

などが検証されます。

第八講（6）人事管理で述べたところと重複しますが、貢献度評価について少し詳しく述べます。貢献度評価に当たっては、目標は低すぎても高すぎてもいけません。諸々の環境条件を考慮に入れた上で、不可能ではない最高限度に設定されねばなりません（右記の（1）～（2）に関わります）。貢献度評価の成否はここにかかっているといっても過言ではありません。

貢献度評価のもう一つのポイントは、実績成果だけでなくその目標達成のための努力のプロセスに注目するところにあります（右記の（3）～（4）に関わります）。目標自体もその達成状況もともに状況の関数であって、つねに揺れ動いているだけでなく、両者は相互に規定しあっていてその間にはいわば不確定性原理が働いていますから、結果そのものよりも比較的に納得性をもって受け入れられるのはそのために払われた努力の程度の方です。組織目標への貢献は他者との協働なくしては実現できません（主として右記の（4）に関わります）。他者との協働組成には人望や信頼を含む高度の人間力・人格力が求められます。貢献度評価の狙いにはそのような協働組成の気風を組織風土にまで高める意図が含まれています。貢献とは単に業績成果目標に対する定量的貢献だけを言うのではありません。組織はもともと開かれた付加知価連鎖の生成系ですから、組織目標としてはすべてのステークホルダー（社会も含む）への満足の提供が第一義的に掲げられます。したがって貢献度評価には顧客満足を含めて多様な定性的評価がセットされていなければなりません（右記の（5）に関わります）。組織および成員各人が掲げる貢献目標とその貢献実績との適合度は厳密に計量化して把握できるものではありません。むしろ貢献度評価の狙いは成功要因の解析と、目標達成に至らなかった場合のその理由の解明の方にあります。評価する側と評価される側との対話を通して〈何が良かったのか〉〈何が欠けていたのか〉〈それを補うためには何が必要だったか〉を相互にはっきりさせ、それによって次のプロセスの改善に結びつけることにこそ貢献度評価の意義があります（右記の（6）に関わります）。このような貢献度評価は卓越した評価者に担われてはじめて所期の効果を上げることができます。

貢献度評価をどこまで処遇に反映させるかはあまりリジッドに考える必要はありません。誰が見ても納得するだけの特筆すべき貢献があった者、貢献度において著しく見劣りする者、ないしはマイナスの貢献をした者、などにはそれ相応の処遇はありえても、強いて処遇格差をつけるための道具・手段として貢献度評価を利用するのは本末転倒です。むしろそれは開かれた経営空間を規範的に秩序づけ、活性化するための手法として活用されるべきです。さらには、さまざまな組織病理（その最たるものが組織不祥事ですが）を予防し、組織をより健康な状態へと活性化させるための機会として活用することの方が大事です。卓越者育成は日常の組織活動を離れてはありえません。貢献度評価の緊張のなかではじめて卓越者は育ちます。評価制度はもともと経営品質をスパイラルに発展向上させるための梃子の役割、すなわち卓越者を育成するための教育効果を担うところにその本義があることを忘れてはなりません。

要するに、卓越者の評価と選抜に当たっては、人物・年功・能力・成果も大事ですが、（どの企業でも妥当性を有する範囲で評価制度のなかにそれらが適宜織り込まれているのが普通ですが）、それに加えて貢献度に照準が当てられるべきです。（現に多くの企業ではそのようにして多面的な評価、選抜が行われています）。むしろ、中核に据えられるべき最も開かれた評価制度が貢献度評価だということです。人物主義、年功主義、能力主義、成果主義はいずれも一組織内に閉ざされた制度であるのに対して、貢献度評価は何をもって社会に貢献するかという開かれた視点をその内に含んでいる点に特徴があります。（貢献度評価については第八講を参照してください）。

（2）評価結果の活用

評価結果を活用して卓越者が選別されていくのですから、そこには何よりも公明性、透明性が求められます。しかし、評価には当然に主観的判断という偶有的要素が入ってくるのは避けられません。人のなすことにおいて間違わないという保証はどこにもありません。しかしそうかと言って経営に試行錯誤は許されません（上級者の人事になるほどそうです）。起こりうる人為的過ちを最小限にとどめるための評価者訓練も必要ではありますが、それでも過誤は避けられません。したがってそれを最小限にとどめるための手段が一方では講じられていなければなりません。万一誤った場合の修復可能性も用意されていなければなりません。それには複数の評価者がいて、しかもそれが一定周期で交代するという仕組みが評価システムのなかにビルトインされている必要があります。また、評価結果についいて不服ならいつでも苦情が受け付けられる仕組みもなくてはなりません。主観的偶有的要因によるバイアスを修正してシステムの公明性、透明性を担保するにはそれしかありません。

人事評価は、その結果を公示すれば一次選抜に漏れた人間（それが大多数です）の士気を阻喪させるかもしれないとの危惧、あるいは人間関係にさまざまな悪影響を及ぼす可能性があるという慮りから、できるだけ波風を立てないよう一律的あるいは微温的な評価になったり、公示そのものを避けたりしがちですが、それでは「卓越者の階等序列」はいつまでたっても形成されず、その結果成員は挑戦目標を見失ってかえって組織は沈滞することになりかねません。人事評価の公示には覚悟を伴った勇気が要ります。

それでもなお、人事評価システムの制度内容は公開されても個々人の評価内容についてはプライバシーの観点から非公開が原則であるべきだという考えもありえます。しかしその場合でも、本人から評価内容の細部について説明を求められれば、本人に対しては必要な範囲で開示されねばなりません。みだりにそれを行うと考課者と被考課者との間のさまざまな思惑が入り込んできて厳正であるべき評価を歪ませるおそれがあるとして、それさえも避けようとする向きがありますがそれは考えすぎというものです。人事評価の結果は「卓越者の階等序列」に反映されるのですから、非公開とすること自体にもともと自己矛盾があります。むしろ、結果事実に関しては評価者に説明責任があることを明確にして、評価者と被評価者との間で開かれた対話が積極的に行われることの方が望まれます。それであってこそ、評価の公明性・透明性は担保され、卓越者階序のもつ中核価値効果もいっそう強められます。

（3）評価責任者

人事評価の最終責任はトップにあることを銘記すべきですが、そこに行く前に、人事評価には一次評価者、二次評価者を設けるのが普通です。最終的な人事評価権限（責任）を人事担当の上級役員あるいはその事務局としての人事部に集約するのが普通ですが、それらはいずれも最終評価責任者たるトップの補佐としてです。もちろんトップは全社員の人事評価に目を通すわけにはいきませんし、その必要もありません。しかし、人事評価システムの公正な運営（すなわち「卓越者の階等序列」の形成）にはトップは全責任を負っている（「事業は人なり」「経営は人事なり」）という原点が揺らいでいては組織は権力エゴの錯綜する修羅場と化したり、下手をすれば派閥や似非権力者が跋扈する化け物屋敷となるおそれがあります。そうでなければ、ぬるま湯につかった仲良し倶楽部となってしまいます。

（4）卓越者の選抜

卓越者の階序が組織の中核価値機能を果たしつづけるためには、卓越者トップをはじめとしてあらゆる階序において継続的に卓越者が補充されねばなりません。下位の階序にあってはそれは自己組織的形成にある程度までは任すことができます（誤ることが少ないし、誤っても容易に修復されます）が、上位の階序になるほど過誤の許容範囲は小さくなるだけに、いっそう慎重な配慮が必要となります。特にトップの選抜については事は重大です。もし誤って不適格者がトップの座につけば中核価値機能そのものが揺らぎ、場合によっては卓越者の階序それ自体が崩壊することになりかねません。人事評価システムそれ自体が、強い中核価値性をもつのです。

では、各階序においてどうやって後継卓越者を継続的に補充するか、特に卓越者のなかの卓越者であるような中核的卓越者についてそれをどう保証するか、それが「卓越者の階等序列」形成の決め手となります。その継続的補充システムとしては次に述べる二点が重要です。

卓越者選抜予備群の形成

卓越者を選抜し、補充し、卓越者の階序の連続性・継続性・安定性を確保するには、卓越者選抜の予備群を普段から計画的にプールしておかなくてはなりません。誰をどの卓越者階序に位置づけるかに当たっては、まず彼（彼女）がそれに相応しい資格要件を備えているかどうかの判定基準が明確に定義されている必要があります。言いかえれば卓越者を選抜するには、その選抜可能母集団（予備群）が予め定められた定義に従って適正に形成されている必要があるということです。そのためのデータベースの作成と、そのなかから誰を選抜するかは人事部門の所管ですが、上位の階序になるほど上級経営幹部層およびトップが関与するウェイトが高くなります。

母集団の形成さえ間違えなければ、そして母集団のなかからつねに適任者が選ばれるというルールが守られる限りは、仮に個々の選択に過ちがあってもそれが大きな組織的過誤となることはありません。そのため卓越者の階序までが崩れることはありません。過ちがあっても修復（洗い替え）はいつでも可能だからです。あるいは錯誤のなかでかえって卓越者が育つという積極的な側面もあります。問題は上位の階序形成、特にトップの選抜だけはけっして間違ってはならないということです。

トップの選抜

トップの選抜に関しては大きく分けて三つの方法があります。一つは自由な競合のなかで自ずから衆目の一致する形で後継者が決まるような仕組みを作ることです。一見すると民主主義的に見えますがこれには弊害もあります。競争はつねにベストを選ぶとは限らないからです。経営幹部層の間に意見の対立があればあるほど最大公約数的な無難な選択に落ち着き、結果として問題がつねに先送りされることになりかねません。派閥主義が横行して、かえって動きが取れなくなり立ちすくんでしまって改革も進まなくなるおそれもあります。

二つは第三者的な独立機関が公正な立場で後継者を選ぶことです。社外取締役が過半数を占める取締役会ないしはその下部機関としての指名委員会がそれです。しかしこれにも問題があります。そもそも中核価値のなかの中核価値である卓越者階序のトップが、中核価値体系の外にいる局外者によって選ばれるというのでは、中核価値は中核価値の役割を果たせないし、組織の求心性も低下する、そういった批判が考えられます。また、それが行う選択がつねに正しいという保証もありません。万一間違った場合はそれを敏速に修復する手立ても限られます。修復が可能であってもそれにはコスト（機会損失、時間ロス、ステークホルダーの信認の揺らぎなど）がかかりすぎます。

三つはトップが自ら後継者を選んで指名することです。これが最も普通に行われる方法ですが、これにも問題がないわけではありません。組織にとって最もふさわしい者よりも自分にとって都合のよい者（下世話な話ですが、たとえば引退後も自分を厚く遇してくれる者）、自分の好みに合う者（自分に似た者）を選ぶことになりかねないからです。何らかの責任を問われるおそれのある問題を抱えている場合はなおさら、それを隠蔽するのに最も好都合な者（場合によっては共同責任者たるべき者、最悪の場合は確信犯的共犯者）を選んでしまう可能性すらあります。これではやがてにっちもさっちもいかなくなり、ついには経営は破綻してしまいます。自分のとってきた路線を変えてほしくないため、どうしても自分のミニチュア版を選びたくなるのは人情というものです。トップ交代の最大の利点は前任者ができなかったことを一切のしがらみを捨てて後継者が果敢に実行できることにあります。自分のミニチュアを選んだのではその最大の機会を失うことになります。凡庸者は凡庸者しか後継に選べない、凡庸者トップが三代続けば会社は確実につぶれる、これは古来組織の鉄則です。

もちろん、卓越者であるならいま組織が抱える問題は何かを熟知しているはずですから、これまでの経緯に囚われることなく最適人物を後継に選ぶはずだとは理屈の上では言えます。最高の卓越者を選べないようなら真の卓越者とは言えないわけで、そういう人物がそもそも卓越者トップの座についているはずがないとも一応は考えられます。しかし人間のすることで無謬ということはありえません。むしろ往々にして誤ると考えておいた方がよいでしょう。問題は万一誤った場合にそれを修復するメカニズムを、あるいはそういうことが起こりえない仕組みを、予めどうビルトインしておくかです。端的に言って、間違ったトップが選ばれてしまった場合に、それを退任させる仕組みを予めシステム的にどう作っておくかです。社外取締役が過半数を占める取締役会・指名委員会の存在意義はそこにあります。逆に言えば、そのような緊急避難的な場合に限って取締役会・指名委員会は後継トップの選抜（解任）機関として機能すべきで、そうでない通常の場合はむしろトップが後継者を指名するルール（トップ交代のルール）が適正に運用されているかどうかを監視する機能にとどまるのがよいと思われます。それだけで十分牽制機能を果たすことができ、最低限社会的評価を担保することができるからです。ここにコーポレート・ガバナンスの根幹があります。

それでもまだ問題が残ります。トップ自身が自らの交代を決めるのはよいとして、ではそこにどんなルールがあるべきかということです。ひと言で言って、トップが自分には最早やることがないと感じたとき、あるいは最早これ以上やる力が自分にはないと覚ったときがその時期です。真の卓越者とはその覚知ができて、そのタイミングを失わず、自らの交代を進んで発議できる人のことです。

第十二講

聖徳太子の十七条憲法（その一）

本講では、卓越者リーダーのイメージをより明確にするため、わが国の歴史のなかで卓越者中の卓越者と衆目が一致するであろう聖徳太子をその最古の例として取り上げます。十七条憲法がその手がかりです。

わが国の歴史にはいく度か一揆的な世直しの時代がありました。いまもある意味では一揆の時代です。一揆には必ず一揆起請文が作られますが、聖徳太子の十七条憲法はわが国でのその最古の例と言えます。それは律令官僚に向けて発せられた詔勅の形をとっていますが、同時に関係者一同に対し卓越者集団であるための一揆的結束を促すための起請文でもあります。

以下、「卓越者リーダーはいかにあるべきか」という視点から、太子の「十七条憲法」を逐条的に検討して参ります。〈 〉で示した現代語訳は中公クラシックス版『聖徳太子　十七条憲法』の訳文を利用させていただきました。各条の後段に記載しているのは、これまで本講で述べて来たところを踏まえての卓越者リーダー像についての筆者なりの解釈所見です。

各条文の末尾には、その条文が63ページの〈表1〉のマトリクスではどの枡目に当てはまるかを私なりに考えたものを付記しておきました。かなり恣意的ですが、みなさんもご自身で考えてみてください。参謀型リーダー＝卓越者リーダーはいかにあるべきかを考える上でよい切り口となると思います。

第一条　以和為貴

「和を以て貴しとし、忤《さか》らうことなきを宗とする。人みな党《たむら》あり。また達《さと》れる者少なし。ここをもって、あるいは君父に順わず。また近隣に違う。しかれども上和らぎ、下睦びて、事を論《あげつ》らうに諧《かな》うときは、事理自《おのずか》ら通ず。何事か成らざらん」

〈お互いの心が和らいで協力することが貴いのであって、むやみに反抗することがないようにせよ。ところが人にはそれぞれ党派心が在り、大局を見通している者は少ない。だから主君や父に従わず、あるいは近隣の人々と争いを起こすようになる。人々が上も下も和らぎ睦まじく話し合いができるならば、ことがらはおのずから道理にかない、何ごとも成しとげられないことはない〉

――物事のあいだには矛盾葛藤があります。卓越者リーダーはその「あいだ」を調停してそこに道理を通します。党派を組んだり群れあったりしては道理は通りません。論じあうことはあっても、そこにはおのずからなる諧和があります。

――和とは環境を含めた全体調和のことです。場に渦巻く創発的エネルギーを全体諧和のなかでバランスよく発現させることで物事を成し遂げるのが参謀型リーダーです。

――〈表1〉に当てはめるなら、和に焦点化すればホメオスタシスに、道理を通すという点に着目するならストレンジ・アトラクターに相当します。ここでは後者に該当するものと見ておきます。

第二条　篤敬三宝

「篤く三宝を敬え。三宝とは仏と法と僧なり。則ち四生の終帰《よりどころ》、万国の極宗《おおむね》なり。いずれの世、いずれの人か、この法を貴ばざらん。人、はなはだ悪しきもの鮮《すくな》し。能く教うるをもって従う。それ三宝に帰《よ》りまつらずば、何をもってか枉《まが》れるを直さん」

〈まごころをこめて三宝をうやまえ。三宝とはさとれる仏、理法と、人々のつどいのことである。それは生きとし生けるものの最後のよりどころであり、あらゆる国ぐにが仰ぎ尊ぶ窮極の規範である。いずれの時代でも、いかなる人でも、この理法を尊重しないということがあろうか。人間には極悪のものはまれである。教えられたらば道理に従うものである。それゆえに、三宝にたよるのでなければ、よこしまな心や行いを何によって正しくすることができようか〉

——卓越者リーダーは自分のなかにしっかりした倫理・道徳規範をもっていなければなりません。太子が仏教帰依者となり、仏教弘通に力を注ぎ、経典の義疏に生涯をかけて取り組んだのも、政治の中核価値をどこに据えるか、何をもって民の教化訓育の原理とするかを深く考究した結果です。

——倫理・道徳規範には三つの次元があります。太子の場合は仏、法、僧の三つですが、これを私流に読み替えれば、第一の次元は〈宇宙摂理規範＝仏〉、第二の次元は〈人倫規範＝法〉、第三の次元は〈組織規範＝僧〉となります。卓越者リーダーはこの三次元をもってよく人を教え導きます。

――本条は〈表1〉ではストレンジ・アトラクターに相当します。

第三条　承詔必謹

「詔《みことのり》を承けては必ず謹《つつし》め。君は則ち天、臣は則ち地なり。天は覆い地は載す。四時巡行し、万気通うことを得。地、天を覆わんと欲するときは、則ち壊《やぶ》るることを致さんのみ。ここをもって君言《のたま》うときは臣承け、上行うときは下靡く。故に、詔を承けては必ず慎め。勤まずば自ら敗れん」

〈天皇の詔勅を承ったときには、かならずそれを謹んで受けよ。君は天のようなものであり、臣民たちは地のようなものである。天は覆い、地は載せる。そのように分があるから、春・夏・秋・冬の四季が順調に移り行き、万物がそれぞれに発展するのである。もしも地が天を覆うようなことがあれば破壊が起こるだけである。こういうわけだから、君が命ずれば臣民はそれを承って実行し、上の人が行うことに下の人が追随するのである。だから天皇の詔勅を承ったならば、かならず謹んで奉ぜよ。もしも謹んで奉じないならば、おのずから失敗してしまうであろう〉

――組織には自ずからなる上下の階序があります。それには下からの自発的参画と並んで、上からの規範的働きかけも必要です。その全体を上下バランスよく統べるのが卓越者リーダーの仕事です。そうなれば自ずから気持ちが通いあい、場は秩序づけられます。

――上からの一方的な指示命令だけで組織を動かすことはできません。下からの自発的参画を待つだけでも組織の秩序は実現しません。上下相まち、相整ってはじめて秩序は保たれます。そこには相互学習、相互支援、相互理解、相互信頼が求められます。

――本条は〈表1〉ではストレンジ・アトラクターに相当します。

第四条　以礼為本

「群卿百寮、礼をもって本とする。其れ民を治むる本は、要《かなら》ず礼にあり。上、礼なきときは下斉《しもととのお》らず。下、礼なきときは以て必ず罪あり。ここをもって群臣礼あるときは、位次《いじ》乱れず。百姓《せい》礼あるときは、国家自ら治まる」

〈もろもろの官吏は礼法を根本とせよ。そもそも人民を治める根本は、かならず礼法にあるからである。上の人々に礼法がなければ、下の民衆は秩序が保たれないで乱れることになる。また下の民衆のあいだで礼法が保たれていなければ、かならず罪を犯すようなことが起こる。したがって諸々の官吏が礼を保っていれば、社会秩序が乱れないことになるし、また諸々の人民が礼を保っていれば、国家はおのずから治まるものである〉

――卓越者リーダーにとって大事なのは礼です。特に上位になるほどそれが求められます。上に礼あってはじめて階序は保たれ、下もそれに従います。下に礼がなければ犯罪も起こります。人には生きる「かたち」「かまえ」が要りますが、そこにあるのは節度と気概と礼節です。卓越者リーダーにそれがあれば位階秩序は乱れず、場はおのずから調います。

――本条は〈表1〉のオートポイエーシスに該当します。

第五条　明弁訴訟

「餮（味《あじわ》いのむさぼり）を絶ち、欲（財宝《たから》のほしみ）を棄てて、明らかに訴訟《うったえ》を弁《さだ》めよ。それ百姓の訟《うったえ》は、一日に千事あり。一日すら尚爾《なおしか》るを、況んや歳を累《かさ》ねてをや。頃、訟《このごろうったえ》を治むる者、利を得るを常とし、賄《まいない》を見て、献《ことわりもうす》を聴く、便《すなわ》ち財ある者の訟は、石をもって水に投るがごとし。乏しき者の訴は、水をもって石に投ぐるに似たり。ここをもって貧しき民は所由《せんすべ》を知らず。臣道亦ここに闕《か》
く」

〈役人たちは飲み食いの貪りをやめ、物質的な欲をすてて、人民の訴訟を明白に裁かなければならない。人民のなす訴えは、一日に千件に及ぶほど多くある。一日さえそうであるのに、まして一年なり二年なりと、年を重ねてゆくならば、その数は測り知れないほど多くなる。このごろのありさまを見ると、訴訟を取り扱う役人たちは私利私欲を図るのがあたりまえとなって、賄賂を取って当事者の言い分を聞いて、裁きをつけてしまう。だから財産のある人の訴えは、石を水の中に投げ入れ

るようにたやすく目的を達し、反対に貧乏な人の訴えは、水を石に投げかけるように、とても聴きいれられない。こういうわけであるから、貧乏人は、何をたよりにしてよいのか、さっぱりわからなくなってしまう。こんなことでは、君に仕える官吏たる者の道が欠けてくる〉

――どこでもいつでも紛争の種は尽きません。卓越者リーダーは私欲を捨て無私の態度で、つねに下の者、弱者の立場に立って公正にそれを捌かねばなりません。権力を笠に着たり、それを隠れ蓑にしたりして、それに目をつぶったり、依怙贔屓をしたり、私心をもって権力を壟断するようなことがあってはなりません。

――本条は〈表1〉ではセレクターに相当します。

第六条　懲悪勧善

「悪を懲らし善を勧むるは、古の良き典なり。ここをもって人の善を匿すことなく、悪を見ては必ず匡せ。それ諂《へつら》い詐《あざむ》く者は、則ち国家を覆す利器をなし、人民を絶つ鋒剣となる。また佞《かだ》み媚ぶる者は、上に対しては好みて下の過《あやまち》を説き、下に逢いては上の失を誹謗《そし》る。それこのごとき人は皆、君に忠なく民に仁なし。これ大乱の本なり」

〈悪を懲らし善を勧めるのは昔からの良いしきたりである。だから他人のなした善は、これをかくさないで顕わし、また他人が悪をなしたのを見れば、かならずそれをやめさせて、正しくしてやれ。

諂ったり詐ったりする者は、国家を覆し亡ぼす鋭利な武器であり、人民を絶ち切る鋭い刃のある剣である。また、おもねり媚びる者は、上の人々に対しては好んで目下の人々の過失を告げ口し、また部下の人々に出会うと上役の過失をそしるのが常である。このような人は、みな主君に対しては忠心なく、人民に対しては仁徳がない。これは世の中が大いに乱れる根本である〉

――善悪・理非・曲直を正すのが卓越者リーダーです。〈へつらったり媚びたりしてはいけません。責任を下の者に押しつけたり、上の者を謗ったりはけっしてしてはなりません。また、そういう者を重用してはなりません。むしろ、忠仁な人が匿《かく》されることのないようにし逆に登用することこそが大事です。

――本条は〈表1〉のヒステリシスに該当します。

第七条　人各有任

「人おのおの任あり。掌《つかさど》ること、よろしく濫《みだ》れざるべし。それ賢哲、官に任ずるときは、頌《ほ》むる音《こえ》すなわち起り、奸者《かんじゃ》、官を有《たも》つときは、禍乱すなわち繁し。世に生まれながら知るひと少し。剋《よ》く念《おも》いて聖となる。事、大小となく、人を得て必ず治まる。時、急緩となく、賢に遇いて自ら寛《ゆたか》なり。これによりて国家永久にして、社稷《しゃしょく》危うからず。故に古の聖王は官のために人を求む。人のために官を求めず」

〈人には、おのおのその任務がある。職務に関して乱脈にならないようにせよ。賢明な人格者が官にあるときには、ほめる声が起こり、よこしまな者が官にあるときには、災禍や乱れがしばしば起こるものである。世の中には、生まれながらにして聡明な者は少ない。よく道理に心がけるならば、聖者のようになる。およそ、ことがらの大小にかかわらず、適任者を得たならば、世の中はかならず治まるものである。時代の動きが激しいときでも、ゆるやかなときでも、賢明な人を用いることができたならば、世の中はおのずからゆたかにのびのびとなってくる。これによって国家は永久に栄え、危うくなることはない。ゆえに、いにしえの聖王は官職のために人を求めたのであり、人のたけに官職を設けることはしなかった〉

――卓越者リーダーは人を見る目に狂いがあってはなりません。人間はつねに成長するものであることを知っておく必要があります。賢人を見落とすことがあってはりません。野に遺賢なからしむるというのが基本です。人材登用は適材適所で任用を誤らないことです。そうすれば組織はおのずから寛闊に発展します。

――本条は〈表1〉ではシナジェティクスに相当します。

第八条　早朝晏退

「群卿百寮、早く朝《まい》り、晏《おそ》く退《まか》でよ。公事監《いとま》なし。終日《ひねもす》にも尽しがたし。ここをもって、遅く朝るときは急なることに逮《およ》ばず。早く退るときは必ず事尽さず」

〈もろもろの官吏は、朝は早く役所に出勤し、夕はおそく退出せよ。公の仕事は、うっかりしている暇がない。終日つとめてもなし終えがたいものである。したがって、遅く出仕したのでは緊急の事に間に合わないし、また早く退出したのでは、必ず仕事を十分になしとげないことになる〉

——卓越者リーダーは率先躬行しなければなりません。仕事の積み残しや先送りをしないこと、せいせいとして業務に乱れがないこと、これが基本です。ただし、ただ長時間働くことがよいことではありません。つねに不測の事態に備えて、緊張感をもって仕事をせよということです。現代経営で言えば、リスクマネジメント、危機管理に抜かりのないようにせよということです。太子の時代にあって統治の上でまず定めなければならなかったのは律令官僚の服務上の時制でした。太子が早朝晏退で意図したのもこの時間管理の徹底による律令官僚の意識改革であったにちがいありません。そこに謳われているのは公事優先です。遅滞や手抜きや心の弛緩など一切認めない徹底した公民サービスの向上でした。ここに太子の慧眼が窺えます。

——本条は〈表1〉のホメオスタシスに相当します。

第九条　信是義本

「信はこれ義の本なり。事ごとに信あるべし。それ善悪成敗は要ず信にあり。群臣共に信あるときは、何ごとか成らざらん。群臣信なきときは、万事ことごとく敗れん」

〈まこと（信）は人の道（義）の根本である。何ごとをなすにあたっても、まごころをもってするべきである。善いことも悪いことも、成功するのも失敗するのも、かならずこのまごころがあるかどうかに懸かっているのである。人々がたがいにまごころをもって事にあたったならば、どんなことでも成しとげられないことはない。これに反して人々にまごころがなければ、あらゆることがらがみな失敗してしまうであろう〉

――人間集団が自己組織的に秩序づけられるには相互の信頼関係がすべてです。卓越者リーダーは「信を他の腹中に置く」ということでなくてはなりません。信はまごころと言いかえることができます。まごころとは、相互理解に裏打ちされた相互信頼から生まれる、人間のもつ最高の美質です。これがないところでは何事も始まりませんし、始まってもすべてが瓦解します。信が相互の間に確立していてはじめて道義も通ります。その上に「和」、「礼」も成り立ちます。そういう意味では、和・礼・信・義はセットです。信の条が十七条憲法の真中（九条）に置かれているのには象徴的な意味があると梅原猛氏は言います。

——本条は〈表1〉のオートポイエーシスに相当します。

第十条　絶忿棄瞋

「忿《こころのいかり》を絶ち、瞋《おもてのいかり》を棄て、人が違うのを怒らざれ。人皆心あり。心おのおの執るところあり。かれ是とすれば、われ非とす。われ是とすれば、かれは非とす。われ必ずしも聖にあらず。かれ必ずしも愚にあらず。共にこれ凡夫のみ。是非の理、誰《たれ》かよく定べき。相共に賢愚なること、鐶《みみがね》の端《はし》なきがごとし。ここをもって、かの人は瞋《いか》るといえども、還《かえ》ってわが失を恐れよ。われ独り得たりといえども、衆に従いて同じく挙《おこな》え」

〈心の中で恨みに思うな。目に角を立てて怒るな。他人が自分にさからったからとて激怒せぬようにせよ。人にはみなそれぞれ思うところがあり、その心は自分のことを正しいと考える執着がある。他人が正しいと考えることを自分はまちがっていると考え、自分が正しいと考えることを他人はまちがっていると考える。しかし自分がかならずしも聖人なのではなく、また他人がかならずしも愚者なのでもない。両方とも凡夫にすぎないのである。正しいとか、まちがっているとかいう道理を、どうして定められようか。おたがいに賢者であったり愚者であったりすることは、ちょうどみみがねのどこが初めでどこが終わりだか、端のないようなものである。それゆえに、他人が自分に対して怒ることがあっても、むしろ自分に過失がなかったかどうかを反省せよ。また自分の考えが道理

にあっていると思っても、多くの人々の意見を尊重して同じように行動せよ〉

——卓越者リーダーの心はつねに平寧でなくてはなりません。忿や瞋を棄て、自己を相対化し、自分を含めてすべての人を平等対等に見ることが大切です。人と賢愚を競うようなこともしてはいけません。人はみな凡夫なのだという深い自覚と同情心をもって、つねに過ちなきを期して反省を怠らないことです。自分で正しいと思っても、みなの意見を聞き、みなの協力が得られるよう共同歩調を取るべきです。それでなければ何事も成し遂げることはできないのですから。

——本条は〈表1〉のホメオスタシスに相当します。

第十一条　賞罰必当

「功過を明らかに察《み》て、賞罰を当てよ。日者《このごろ》、賞は功においてせず、罰は罪においてせず。事を執る群卿、よろしく賞罰を明らかにすべし」

〈下役の者に功績があったか、過失があったかを明らかに観察して、賞も罰もかならず正当であるようにせよ。ところが、このごろでは、功績のある者に賞を与えず、罪のない者を罰することがある。国の政務をつかさどるもろもろの官吏は、賞罰を明らかにして、まちがいのないようにしなければならない〉

――卓越者リーダーはメンバーの功績・過誤を見逃してはならず、信賞必罰に過つことがあってはなりません。問題は何がその人の功績かを正しく見極めることです。陰の功労者を見落としてはならず、罪なき人を罰するようなことがあってはいけません。人事評価には身命を賭し、襟を正して臨むべきです。

――本条は〈表1〉ではセレクターに相当します。

第十二条　勿斂百姓

「国司・国造、百姓に斂《おさ》めとることなかれ。国に二君非《な》し。民に両主無《な》し。卒土《そつと》の兆民は王《きみ》をもって主となす。任ずるところの宮司《つかさ》はみなこれ王臣なり。何ぞあえて公と与《とも》に百姓より賦斂《おさめと》らん」

〈もろもろの地方長官は多くの人民から勝手に税を取り立ててはならない。国に二人の君主はいない。全国土の無数に多い人民たちは、天皇を主君とするのである。官職に任命されたもろもろの官吏はみな天皇の臣下なのである。公の徴税といっしょにみずからの私利のために人民たちから税を取り立てるというようなことをしてよいということがあろうか〉

――卓越者リーダーは部下に対してみだりに権力を揮うようなことをしてはなりません。また上司の権力を笠に着て偉そうに振る舞うのも不可です。卓越者リーダーは権力のよってくる所以をよく弁えて、人材は天下の預かりものであることに深く心を致すべきです。けっしてメンバーを私物化するようなことがあってはなりません。そこには大悲・悲愛の心がなくてはなりません。すべてのメンバーはその中核価値への求心的奉仕者なのです。

――本条は〈表1〉のストレンジ・アトラクターに相当します。

第十三条　同知職掌

「諸《もろもろ》の官に任ぜる者、同じく職掌を知れ。あるいは病《やまい》し、あるいは使して、事を闕《か》くことあらん。しかれども知ることを得る日には、和《あまな》うこと曽《むかし》より識《し》れるがごとくせよ。それ与《あずか》り聞かずということをもって、公務を妨ぐることなかれ」

〈もろもろの官職に任ぜられた者は、同じくたがいの職掌を知れ。あるいは病にかかっていたり、あるいは出張していて、仕事をなしえないことがあるであろう。しかしながら仕事をつかさどることができた日には、人と和してその職務につき、あたかもずっとおたがいに協力していたかのごとくにせよ。自分には関係のなかったことだといって公務を拒んではならない〉

――卓越者リーダーは何事にも主体的責任感をもって取り組むべきです。何かの事情で仕事を休むことがあっても、復帰したときには従前通りに、何の変わりもなかったかの如く、平然と仕事をこなせねばなりません。また、自分が留守中にあったことでも、「それは私には関係ない」、「私はそんなこと聞いていない」などとはけっして言ってはいけません。互いに以前から一緒に仕事をしてきたかのごとく振る舞うのです。みながそうであってはじめて仕事全般がうまく回ります。それには卓越者リーダーは自分の仕事だけでなく、メンバーの仕事（部下の仕事はもちろん）にもよく通じていなくてはなりません。

――本条は〈表1〉ではシナジェティクスに相当します。

第十四条　無有嫉妬

「群臣百寮、嫉妬あることなかれ。われすでに人を嫉《うらや》むときは、人またわれを嫉む。嫉妬の患《うれ》え、その極《きわまり》を知らず。所以《ゆえ》に、智おのれに勝るときは悦ばず。才おのれに優るときは嫉《ねた》み妬《そね》む。ここをもって、五百歳《いほとせ》にして乃今《いまし》、賢に遭うとも、千載にして一聖を待つこと難し。それ賢聖を得ずば、何をもってか国を治めん」

〈もろもろの官吏は、他人を嫉妬してはならない。自分が他人を嫉めば、他人もまた自分を嫉む。そうして嫉妬の憂いは際限のないものである。だから、他人の智識が自分よりすぐれているとそれを悦ばないし、また他人の才能が自分より優れていると、それを嫉み妬むものである。このゆえに、五百年をへだてて賢人が世に出ても、また千年たってから聖人が世に現れても、それを斥けるならば、ついに賢人・聖人を得ることはむずかしいであろう。もしも賢人・聖人を得ることができないならば、どうして国を治めることができようか〉

――卓越者リーダーは嫉妬とは無縁であるべきです。ひとわれともに才知を尊び喜ぶことにおいて間然するところがないのが卓越者リーダーです。知力に優れ才知において自分より優れた人材を見つけ出し、それを育てることに無上の喜びを見いだすべきです。そういう後継者を得てはじめて組織は発展することができるのです。そして、それこそが卓越者リーダーの使命なのです。

――本条は〈表1〉のホメオスタシスともシナジェティクスともそれぞれ関連がありますが、主にはオートポイエーシスに相当するものと見なせます。

第十五条　背私向公

「私を背きて公に向うは、これ臣の道なり。凡そ人、私あるときは必ず恨みあり。憾《うら》みあるときは必ず同《ととのお》らず。同《ととの》わざるときは、私をもって公を妨ぐ。憾み起るときは制に違い、法を害《やぶ》る。故に初めの章に言う、上下和諧と。それまたこの情《こころ》なるか」

〈私の利益に背いて公のために向かって進むのは、臣下たる者の道である。およそ人に私の心があるならば、かならず他人のほうに怨恨の気持ちが起こる。怨恨の気持ちがあると、かならず心を同じゅうして行動することができない。心を同じゅうして行動するのでなければ、私情のために公の政務を妨げることになる。怨恨の心が起これば、制度に違反し、法を害うことになる。だからはじめの第一章にも「上下ともに和いで協力せよ」といっておいたのであるが、それもこの趣意を述べたのである〉

――卓越者リーダーには私心があってはなりません。私を超えるもっと大きな価値（公）に自分は奉じているのだという自覚をもつべきです。私心あれば必ず恨（憾）みが起こり一致協働はできませんし、制度に違い法を破るような事態も惹起しかねません。他を恨（憾）んだりせず、制法を守って公正無私であるなら、おのずから全体の諧和も生まれます。

――本条は〈表1〉のシナジェティクスに該当します。

第十六条　使民以時

「民を使うに時をもってするは、古の良き典なり。故に、冬月には間《いとま》あり、もって民を使うべく、春より秋に至るは農桑の節なり、民を使うべからず。それ農《たつく》らずば何を食わん。桑《くわと》らずば何をか服《き》ん」

〈人民を使役するには時期を選べというのは、古来の良いしきたりである。ゆえに冬の月には閑暇があるから、人民を公務に使うべきである。しかし春から秋にいたる間は農繁期であるから、人民を

公務に使ってはならない。農耕しなければ食することはできないし、養蚕しなければ衣服を着ることができないではないか〉

――卓越者リーダーはよく時節を弁え、物事を処理するに時宜を得ていなくてはなりません。何よりも全体の福利を優先すべきです。時間というものは各人各様に流れています。また、時と場によって密度に差もあれば質に差もあります。人はこのように、それぞれかけがえのない時間を不可逆的かつ個性的に生きているのだということを知るべきです。われわれはこれまで物理的時間管理の技術のみを発展させてきました。それは人間の働きを賃金という物理量で管理してきたこととつじつまが合っています。しかしこれからはそうはいきません。本人の価値観・人生観・世界観に配慮したワークライフバランスがいま問われています。いまの時代に則した雇用形態・勤務形態・処遇形態が模索されねばなりません。

――本条は〈表1〉のヒステリシスに相当します。

第十七条　不可独断

「それ事は独り断《さだ》むべからず。必ず衆《もろもろ》とともに論《あげつら》うべし。少事はこれ軽し。必ずしも衆とすべからず。唯、大事を論うに逮《およ》びては、もしくは失《あやまち》あらんことを疑え。故に、衆と相弁《わきま》うるときは、辞《こと》すなわち理を得ん」

〈重大なことはひとりで決定してはならない。かならず多くの人々とともに論議すべきである。小さなことがらは大したことはないからかならずしも多くの人々に相談する要はない。ただ重大なことがらを論議するにあたっては、あるいはもしか過失がありはしないかという疑いがある。だから多くの人々とともに論じ是非を弁えてゆくならば、そのことがらが道理にかなうようになるのである〉

――卓越者リーダーは独断専行をしません。重要な案件ほどよく他の意見を聴きます。いま、指導者リーダーと目される人達の言葉に重みがないと言われていますが、それはあまりに小さな些事にやたらと口を挟みすぎるからでしょうか。卓越者リーダーは何が自分が関わるべき大事であるかを弁え知って、大事であればこそ他者の意見を聴き、他者と意思疎通を図るべきです。そうすれば失敗もなく、何事にも事理が通ることとなりましょう。

――本条は〈表1〉ではセレクターに該当します。

こうして卓越者によって統揖された経営空間には、おのずから「卓越性の位階秩序」「卓越者によって形成される階等序列」ができあがります。それがシンボルとなって組織成員はそれへと自らを糾合し、組織は自律的・規範的に秩序づけられます。聖徳太子の場合、その位階秩序が『冠位十二階』（大徳・小徳、大仁・小仁、大礼・小礼、大信・小信、大義・小義、大智・小智）でした。「冠位

聖徳太子について――「十七条憲法」と表1の対応

	アブダクション	アテンダンス	アフォーダンス
コヒーレンス	セレクター 5、11、17	ストレンジ・アトラクター 1、2、3、12	ヒステリシス 6、16
エマージェンス	ホメオスタシス 8、10	オートポイエーシス 4、9、14	シナジェティクス 7、13、15

十二階は、もとより個人にあたえられるものであって、個人的功績によって、だんだん上の冠位に昇進しうるものなのである。ここで評価されるのはその人の生まれた身分ではなく、その人の能力であり、人格である」（梅原猛）。『冠位十二階』はまさに氏素性、門閥、出自に囚われない、実力主義の律令体制を支える卓越性のシンボル体系だったのです。階等序列はヴィジュアライズされたシンボル体系であってはじめて、人をそれへ向かってチャレンジさせることができます。現代では職階制度や資格制度などの人事制度が卓越者の階序としてその役割を果たしています。そこでは縁故、派閥、出身学校などはまったく関係がありません。ましてや女性においてをやです。まさに実力の世界です。

なお、〈表1〉のマトリクスの各枡目に配当した各条文を一覧的にまとめれば上図のようになります。数字は各条文です。中核価値は何か、場の恒常的安定性のためには何が必要か、いかにして一致共同、協働を組成するか、日常での意思決定をいかに滞らないようにするかなど、文化的伝統のなかで自ずから秩序づけられる機序について、満遍なく目配りがなされているのが分かります。

（注）歴史学会の最近の説のなかには「聖徳太子は実在しなかった、したがって十七条憲法も原型は中国からの借り物であって、太子の名前を借りてうまくリメークしたものにすぎない」というものがありますが、仮にそうだとしても、十七条憲法に盛り込まれた思想までも捨て去る必要はありません。むしろ、そこには日本人のオリジナルが含まれていると見るべきです。そうでなければ国書である「日本書紀」にその記述が残されているはずがありません。これこそ日本オンリーワンの思想だと思えばこそ、書記者はこれを採録したのです。卓越存在たるべき一国のリーダーたちはかくあるべしという思想が、当時においてすでに公文書に残されるほどに、それは普遍的規範として認知されていたという事実こそが大事です。

第十三講

聖徳太子の十七条憲法（その二）

第十二講では聖徳太子の「十七条憲法」を参謀型リーダー＝卓越者リーダーという観点から逐条解説しました。そして、前講の最後のところで各条文を〈表1〉のマトリクスの各枡目に、多少強引にではありますが当てはめてみました。
本講では、その（1）～（6）の枡目ごとに、「関係的自立」存在はいかにあるべきかという視点から「十七条憲法」の各条文の現代的意味を読み取っていくこととします。個々の条文の現代文への読み下しは省略し、その要旨を太字で付記しておきました。

（1）ストレンジ・アトラクターについて

〈一・以和為貴、二・篤敬三宝、三・承詔必謹、十二・勿斂百姓〉

〝チームワークと一致協働が大事。党派を組むことは許されない。何事も大局的立場で判断せよ〟（第一条）

——関係的自立存在は大局を見て上下和睦します。和がなければ道理にかなった論議を尽くすことはできません。そこには自己と自己を含む環境条件（他者）との関係性を通して場は自己秩序化されていくという弁証法があります。その自己秩序化の求心的価値、およびその弁証法の中核的媒介項となるのが関係性の表徴としての「和」です。こうして

「和」が内発的・互酬的な自律規範＝中核価値規範となったとき場は秩序づけられた自立性集団となります。

〝世間には道理というものがある。究極の規範がある。互いにそれを教え学びあうことが大事である。そうすれば邪な心や行いはなくなる〟（第二条）

――秩序化には上からの作用因も必要です。関係的自立存在がつねに心を遣うのは組織を濫《みだ》す者の存在です。よこしまな心や行いが存在することは事実として認めねばなりませんが、しかしそれは教育によって矯正できるはずです。そのための教育原理には中心となる価値規範がなくてはなりません。「関係的自立」がそれです。それさえ確《しっか》りしているなら組織が歪むこともありませんし、そこから卓越人材も育ちます。

〝組織には組織の規範がある。それは世間の道理に叶っていなければならぬ。みながそれに遵ってはじめて組織は発展することができる〟（第三条）

――混沌を秩序づけるに人材育成原理を据えるだけでは足りません。互酬的相互作用のなから自生する自律的秩序（つまり「和」）だけに頼るわけにもいきません。組織には統摂的作用力をもつ規範も必要です。天地を貫通する道理であり、成員が分を守ってそれに従う超越的審級です。自制的自律規範と超越的審級との相互和合があってはじめて時勢の進運に即した実際的秩序化が可能になります。しかし、その超越的審級も　超越的な高みから下される指示命令ではありません。みなが納得して自らをそれへと随順させることができる、いわば普遍的で水平的な約束の言葉です。「関係的自立」、それがその標準です。

〝濫りに権力を揮ってはならない。それで私利を図ろうなどはもっての外である〟（第十二条）

――組織には二重権力は許されません。組織のなかでは人はみなトップからの依命の範囲内でトップの最高意思決定を補佐するのであり、トップの最終責任をその限りで分担するのであって、誰一人として権力内権力者などではありえません。それはけっして踏み外すことのできない組織規範であり経営の規矩準縄です。しかも、トップといえども無際限の権力を許されているわけではありません。トップも自分を超える価値規範、たとえば社会的道義・義務・責任、株主責任、雇用主責任などに従ってはじめて、つまり自らが関係的自立存在である限りにおいてメンバーの長として認められるのです。企業は社会の公器であり配下の人材も社会からの預かりものであって、社長といえどもその関係性を無視して一方的にこれを斂《おさ》め取ることは許されません。ましてやその司においてをやです。

（2）オートポイエーシスについて

〈四・以礼為本、九・信是義本、十四・無有嫉妬〉

〝組織には組織のしきたり、文化がある。それをみなで守り育てねばならぬ。そうすれば組織がむやみに濫れることはない〟（第四条）

――秩序を自律的に自己形成する規範として、現代組織にも礼がなくてはなりません。それは外挿化された権力への服属儀礼としての儀礼ではなく、対等者間で自ずから自生する秩序規範としての礼です。礼とは、それがなければ位階秩序が乱れるような自律的規範作用力、成員同士の振る舞いを相互調節・調整・調律・調停するための規矩です。それらの調節、調整、調律、調停の総体から析出されてくる、おのずからなる関係的自立存在同士の間の振る舞いの体系が礼なのです。

〝まごころがすべての根本である。誠心誠意事に当たるなら何事であれ成し遂げられないことはない〟（第九条）

――礼の根本はまごころです。和と礼が成り立つためにもその根底に信がなければなりません。まごころは単なる理念ではありません。具体的な個々の事行のなかでそれが問われます。信は人間が関係的自立存在として秩序ある集団生活を行っていく際の実存概念なのです。真や正などの抽象的な真理価値はさしあたり問題になりません。正や真と違って信はもともと相対的です。こちらからの信があってはじめて相手から信の互酬的返戻を受けることができます。そういう意味で、まごころは最早それ以上溯ることのできない、関係性の基底をなす根本価値です。

――和・礼・信を基本理念とする太子の考えは、論語の「詩に興り、礼に立ち、楽に成る」に通じています。「和に興り、礼に立ち、信に成る」と言いかえても趣意は同じです。関係的自立存在にとってこの三つは身につけるべき基本のなかの基本です。

〝けっして嫉んだり妬んだりしてはならない。進んで人の利点・特長を認め、それを伸ばしてやるように努めるべきである〟（第十四条）

――是非の判定基準は各人の心のなかにしかないわけですから、関係的自立の成立を阻害するのは私心です。すなわち端的に嫉妬心です。嫉妬は公正で大局的な判断を狂わせる元凶であり、不信と疑惑と怨恨の温床です。組織自体が社会のなかにあって関係的自立存在であるためにはメンバーの心の糾合がなければなりませんが、それを阻害する最大の要因が互いの私心・嫉妬心なのです。それは関係的自立の成立基盤それ自体を掘り崩します。そうなると後生に賢を得ることも聖を待つこともできず組織秩序はやがて壊乱し衰退します。

（3）シナジェティクスについて

〈七・人各有任、十三・同知職掌、十五・背私向公〉

〝職務・職責・職掌を濫してはならない。大事なのは適材適所、聖賢を適任のポストに就けることである〟（第七条）

――場が共鳴共振し、メンバー間に協働の気風を漲らせ、一致共同の実を挙げるには「適材適所」が肝要です。絶対に避けねばならぬのは関係的自立を阻害するような奸物を登用することです。関係的自立の模範となるような卓越存在を登用すれば人はみな喜んでついていき組織は自ずからゆたかにのびのびとなってきます。よくよく考えるべきは、ポストのために人を求めるべきであって、人のためにポストを作ったり探したりすべきではないということです。しかし、実際には人それぞれの任掌に一切濫《みだ》れがないと言える組織はありません。むしろ不適合があればこそ人はその隙間を埋めようと努力もしますし、足りない部分を補強するための教育も行われます。つねに適材適所が理念として追求されていてはじめて組織の活力も賦活されますし、そのなかで組織成員も関係的自立存在へと成熟していきます。

〝一致協力せよ。互いに助けあってはじめて仕事はできる〟（第十三条）

――組織は硬直的な職務権限体系などではありません。職掌がまずあってそれに人を当てはめるのではなく、先に人があり人間の関係性が組織的協働を組成するのであって職掌は後からそれぞれに負託されるものです。したがって、目指されるべきはいつでも職掌代替が可能な関係性存在同士で編成される生きた協働です。ここに日本的経営の源流があります。要は、互いが互いの職掌を熟知しあって、どんな状況になっても前から互いが協働していたかのように振る舞いあうことです。それができるには、みなが互いの仕事について熟知しあっていること、平素からの協働体制が大事です。メンバーとしてけっして言ってはならないことは、「自分には関係がない」「自分は与り知らぬこと」などと言って責任を回避することです。経営とは職務・権限の体系ではなく、職責・責任の担い手たる関係的自立存在同士の協働体系なのです。

〝私心を去り、怨恨を懐くことなく、進んで公のために尽くせ。みなが公のために心を一つにして行動するなら、上下諧和の組織が実現する〟（第十五条）

――私心に囚われている限り人は不信・不協和・疑惑・遺恨から抜け出せません。互いに相手を正当に評価しあうこと、ともに「私」より「公」を志向することが大事です。私に背いて公に向かうとはどういうことか、それは私を捨てることでも私を滅ぼすことでもありません。「私」を逃れられない宿命と受け取った上で、それをいったん括弧に入れて、その上で「公」の立場に立って状況に立ち向かえということです。関係的自立存在はすべからく自立的関係存在でなくてはなりません。そこにはむしろ「私」＝自立性の確立が求められているとも言えます。確たる「私」＝自立性があって、しかもなお私心を去った個に徹して、その上で公的な選択を行え（自立性をいったん括弧に入れて関係性に徹せよ）ということです。しかし悲しいかな凡夫たるわれわれは完全に私心を去ることはできません。できるのは、「私」を極力「公」に近づけることで共同体の「共」を何とか回復することだけです。現在、「公共」のあり方が改めて問い直されていますが、それはかってのように「私」を覆い隠すような「公」を再び取り戻そうということではありません。個の自由な創発（自立性）を最大限に活かしながら、その場に諧調に充ちた全体の秩序（関係性）をもたらすべく、法と制の新しい公共的あり方（関係的自立のあり方）を改めて問い直そうということです。

（4）ヒステリシスについて

〈六：懲悪勧善、十六：使民以時〉

〝善いことは褒め、悪いことは正す。けっして嫉んだり、諂《へつら》ったり、詐《いつわ》ったりしてはならない〟（第六条）

――善悪は相対的であってその判定に一律的な基準を設けることはできません。しかし場の自己秩序化を促すには、善悪の基準を組織の文化的・歴史的系譜として明示する必要があります。いつの時代でも斥けるべきは、「媚び諂う者」・「佞《かだ》み詐《あざむ》く者」です。これらは利器・鋒剣の如く見えて実は凶器・妖剣です。組織を覆しメンバーの信頼を絶つ者です。このような人物を見過ごしはびこらせるようでは組織はやがて衰滅します。大事なのは誠心・仁慈です。これは関係的自立存在たる者の自戒であり、それを目指す者にとってその行動原理の根幹をなすべき倫理道徳規範です。これはいつの時代にも通じる人事の根幹です。

〝何事も組織の求めるところにしたがって行動せよ。私欲・私心にかられた独断専行はゆるされない〟（第十六条）

――誰の上にも時は一様に流れているわけではありません。部下や相手の都合を無視して自分の都合だけを押しつければ場は混乱するばかりです。そもそも〈組織が人を使役する〉という考え方自身が間違っています。人が組織を作り、人が組織を使うのであって、その逆ではありません。組織は〈人に働いて頂く〉のであって、主体はあくまでも〈人〉にあります。人が作る組織（という小宇宙）は、四時運行する自然の一部です。したがって組織の運行（運営）は自然の摂理に則していなくては事理濫れることになります。それができるのが関係的自立存在です。古来わが国は、〈自然に忤《さか》らうことなく、君父に順がい、隣里に違わず、上和らぎ、下睦び、森羅万象との諧調のなか、事理自ら通ずる和の世界〉を生きてきましたし、いまも生きています。

（5）セレクターについて

〈五・明弁訴訟、十一・賞罰必当、十七・不可独断〉

〝組織にとって大事なことは、メンバーが私利私欲を捨てて何事も公正に取り計らうことである。その際に考慮すべきは、つねに弱者の立場を慮ることである〟（第五条）

――組織内部ではつねにさまざまな不平不満の種となるものや理不尽な出来事が発生します。問題は、上に立つ者が保身や思惑や私利私欲からそれらを見て見ぬふりして覆い隠していないか、声の大きな者の意見のみが重用され声なき声には耳を貸さないというような組織腐敗構造が蔓延していないか、批判的意見や現状改革の提言が握り潰されていないか、一切の差別やハラスメントはないと言えるか、です。これらの組織病理から逃れるためには、それらを明確に弁別して、いち早くそれを排除する関係的自立存在が求められます。

〝部下の扱いは公正でなければならない。功績ある者を見落としてはならず、過失ある者を見逃してもならない〟（第十一条）

――組織管理の柱は賞罰の適正運用です。信賞必罰を誤れば組織は瓦解しかねません。では、その功と過を明らかにする規準をどう設定すればよいか、もとより杓子定規の規準では生きた現実に対処できません。事情を明察した上で、恣意的裁量を排して、正当な裁定を心がけるしかありません。それができるのが関係的自立存在です。特に賞罰制度の運用に当たって大事なのは上層幹部の責任の取り方です。たとえば、組織不祥事が起こっても再発防止体制の建て直しこそが責任の取り方だなどとうそぶいていつまでも権力の座に居座るなどはもっての外です。責任とは上下を問わずあくまでも形式責任です。

〝大事なことは他者の意見をよく聞き、みなと相談し協議せよ。道理判断に過ちなきを期せ〟（第十七条）

——何事であれ是非は中間にあります。賢愚に境はありません。であるなら何事も衆とともに論議を尽くした上で事挙げすべきであって、けっして独断専行することがあってはなりません。選択を誤っていないかつねに反省すべきです。このことを心がけるなら、メンバーの理解と協力も得られ事理自ずから通じます。それができるのが関係的自立存在です。

（6）ホメオスタシスについて

〈八．早朝晏退、十．絶忿棄瞋〉

〝何事も顧客第一、すべてを顧客（市場）のニーズ・ウォンツに適合させるべきである。自分本位は許されない〟（第八条）

――適材適所と並んで協働組成に欠かせないのがせいせいたる時間の管理です。つまりリズムとテンポです。それが揃わないでは組織の恒常的安定性は壊乱されてしまいます。古来、為政者は新政を敷くときはまず暦を作成し時制を改めました。その狙いはそれによる民の意識を同期的に同調させるためでした。現代の企業組織でも、組織改革の際に最初に手をつけられるのが時間管理体制の総点検です。企業での時間管理の基本は、すべての目標にタイムスパンを設け、タイムスケジュールを明示し、クリティカルパスに焦点化することでメンバーの時間意識を調律することにあります。関係的自立存在がそれを行います。

〝恨みや怒りはよくない。それは自分への執着があるからだ。執着を捨てすべてを公平・公正に見なければならない。日々反省せよ。〟（第十条）

――善悪が定めがたいと同様に是非の理もまた定めがたい、是非はどこまでも相対的です。そうだとするなら、人は誰しもそこに「私」への固執が生じるのは避けがたいと言えます。それを断ち切るには、この世に賢愚の境などなく人はみな互いに凡夫でしかないという悲心を伴う諦念しかありません。自分が道理に合っていると思っても、多くの人々の意見を尊重して大局的見地から同調的行動をとらねばなりません。それまでの経過・

経緯をよくよく考え大局を見定めて慎重に行動せよということです。古来、賢しらを振り回して他を軽視・侮蔑する人間で大事を成し遂げた者は誰一人としていません。関係的自立存在はその謙虚さをもっています。

以上、見てきましたように聖徳太子の十七条憲法からわれわれは関係的自立存在はいかにあるべきかについてそのおおよそを学ぶことができます。そこには上からの権柄尽くの規範の押しつけはなく、あるのは、下からの創発的エネルギーを賦活し（エマージェンス）、それを糾合することでいかにしてそこに自律的秩序をもたらすかです（コヒーレンス）。関係的自立存在のあり方はここに尽きていると思います。

補講一

暗黙次元、
ないし暗黙次元の知について

これまで卓越性あるいは卓越者と言ってきましたが、そもそも卓越存在とはどういう存在なのでしょうか。

人間の存在様態を三つの次元に分けると

人間の存在様態は三次元に分けて考えることができます。最上層の次元は、法律・規則や社会慣習など制度的形式規範が支配する次元です。これを「形式次元」と呼ぶことにします。その下層には知恵の働きあるいは知識の集積によって形成される万人に明示化可能な知価次元があります。これを「明示次元」と呼ぶことにします。これまで本講で主として扱ってきたのはこの明示次元での組織の働きでした。そして、この明示次元の下層にあるのが、人間の生命的活性を不断に賦活しつづける、通常われわれがそれとは明確に覚知していない隠された次元です。これを「暗黙次元」と呼ぶこととします。組織に活力を備給するたぎるような熱情がこの次元の働きです（本講でエマージェンスと名づけたものがそれです。なお、その熱情を秩序づける形式次元からの規範化作用を本講ではコヒーレンスと名づけました）。この三つの次元にまたがる人知あるいは人間力の働きを通して組織のマネジメントとガバナンスが展開されます。

各次元内で、あるいは次元間の境界面で、それぞれ固有の問題領域が開かれますが、いちばん重要であってかつ分かりにくいのが、暗黙次元から迸る組織エネルギーをどう束ねるか、それをどう方向づけるかという問題です。つまり、暗黙次元が明示次元へと裂開するその境界局面をどう活性化するかです。そこに組織論における人間動学の要諦があります。その活性化役割を担うのが本講で言う卓越者です。

暗黙次元については、これまで何度か触れましたが、もう一度第六講で述べたところを再説しておきます。

暗黙次元ではたぎるような情熱が迸っています。人間的「生」命活動が発現するこの根源的場所について古来、人はさまざまな表現を与えてきました。たとえば、それは人間にとって「意識の深層構造における不定形の可能態」（井筒俊彦）であり、「無限定な能産的自然の活動態」（同）そのものであるとか、あるいは、それは「意識の底にひそんでいる意味連関の深み」（同）であって形象化して捉えることは不可能であって、霊性的直覚（鈴木大拙）あるいは行為的直感（西田幾多郎）によって、閃きないしは気付きという形で純粋経験的に捉えられるだけであるとか、あるいは次のような言い直され方もします。暗黙次元は「霊性的直覚を具えた吾なる一現出点」（鈴木）において自らを裂開させるのであって人為の計らいを受け付けない、いわば「物きたってわれを照らす」（西田）のみである、われわれは暗黙次元そのものには立ち入れない、そこから聞こえてくる声に耳を傾けることができるだけであり、その響きに響応しうるだけである、等々です。優れた詩人、芸術家、あるいは宗教家にしてよくそれをなしうるものとされます。

古来、われわれ日本人が「タマ」とか「モノ」とかあるいは「カミ」と呼んできたのは、この暗黙次元が内包するその玄妙な力能のことです。われわれの祖先は、その力能・内包力が人間世界に不用意に立ち現れて災厄をもたらすことがないよう「タマ」を鎮め、「モノ」を祓い、「カミ」を祀ってきました。また何とかその力能・内包力に与かろうと「タマ」を揺り動かし、「モノ」を畏れ、「カミ」に祈ってきました。すなわち、暗黙次元への立ち帰りによる人間的生命力の振起・賦活です。なお、ここで言う「モノ」とは、「人が対象として感知し認識するものはもとより感覚を超えて存在すると考えられる超自然的なものを含めて物一般」（『字訓』白川静）のことです。われわれ日本人はこの「モノの気配」に敏感です。これはわれわれが自らをその一部として含む世界を包括的に理解する上での、すなわち暗黙次元と一体となってそこに渦巻く深淵からの呼び声を聴き取る上での基本となっています。

この暗黙次元世界（「非感覚的内包力」（井筒俊彦）のことを仏教では「冥」、あるいは「空」と言います。すなわち無限の豊穣を内包した「無」としての「絶対無」です。道教の「タオ」、老子の「無明」、荘子の「渾沌」、唯識哲学の「阿頼耶識」、ウェーダの「ブラフマン」もそれでありましょう。わが国近代の例では、たとえば安藤昌益の「自（ひと）り然（す）る自然」、芭蕉の「造化」、本居宣長の「よにすぐれて可畏《かしこ》き物」、折口信夫の「妣《はは》の国」「常世（異界）」、西田幾多郎の「無底の底」、鈴木大拙の「大地」、田辺元の「純動体」、井筒俊彦の「存在の太源」などもその系列に繋がるものとして理解することができます。これらすべてが暗黙次元についての言説というわけではありませんが、少なくともわれわれが暗黙次元をイメージする上で援けとなります。

われわれは暗黙次元の内実について言葉をもって語ることはできません。それは根源的な「無」（無限の豊穣としての「無」）であって言説化した途端にそれは最早すでに明示次元へと裂開されて（切り取られて）しまっているからです。われわれにできることは、その一歩手前で、あるいはその裂開の瞬間に立ち会うことで、暗黙次元からの響きと共鳴・共振しあうことだけです。われわれ人間に求められるのはその共鳴力・共振力です。

卓越者とは、そのような暗黙次元からの響き、そこからの暗黙の働きかけに響応し、共鳴し、共振しうる力能存在者のことです。それがあってはじめて、人は他者の心を揺さぶるような言霊を発することができます。言霊とは暗黙次元を裂開させる言葉の作用力のことです。卓越者は心を引きちぎって言葉を発します。言いかえれば、それができないようでは卓越者とは言えません。

こうして、暗黙次元が明示次元へと裂開し、さらに形式次元へと形づくられていくのですが、その暗黙次元裂開の瞬間、およびその場所こそがいわば生命論的リーダーシップがその豊かな活性を汲み上げる瞬間・場所なのです。人間の最も高次の活動である優れた詩や芸術や芸能もその瞬間・場所から創造のエネルギーを汲み上げます。そこは文化創造の限りない豊穣の瞬間・場所なのです。そういう意味で、卓越者リーダーの働きは、優れた芸術創作活動にも匹敵する高尚な働きなのです。

補講二

関係的自立について

人間は関係性存在であると同時に自立性存在です。関係性のネットワークの結節点でありつつ、ということは、自己の周りに不断に関係性のネットワークを主体的に、つど新たに編成し直しながら、独立自存の自己を生きています。関係性に拘りすぎて、あるいは関係性に絡めとられて自己を見失うようなことがあってはなりませんし、自立性に囚われすぎて関係性を見失ってもなりません。ときには関係性に軸足を置き、ときには自立性に軸足を移し替えながら、関係性と自立性の両方に目配りを利かせながら、その間で巧みにバランスを取って日々の生活を営んでいるのが関係的自立存在としての人間です。

しかし、巧みにバランスを取ると言ってもそれはなかなか容易なことではありません。ましてや、関係性それ自体が不確定・不安定に動揺しているような、あるいは逆に、関係性がのっぴきならない柵となって人間を囲繞しているような、そういう現代社会にあってはなおさら、そこには弾力的・創発的に自己形成する統合的自己なる存在がなくてはなりません。硬直して自己同一化してしまった自己ではなく、また、状況に流されるだけの浮遊する自己でもなく、周囲への目配りが利いていて、しかもしっかりと重しの利いた、そういう自己です。

関係性と自立性のバランス

では、関係性と自立性の間でバランスが取れている、そのような関係的自立存在はどういう構造を

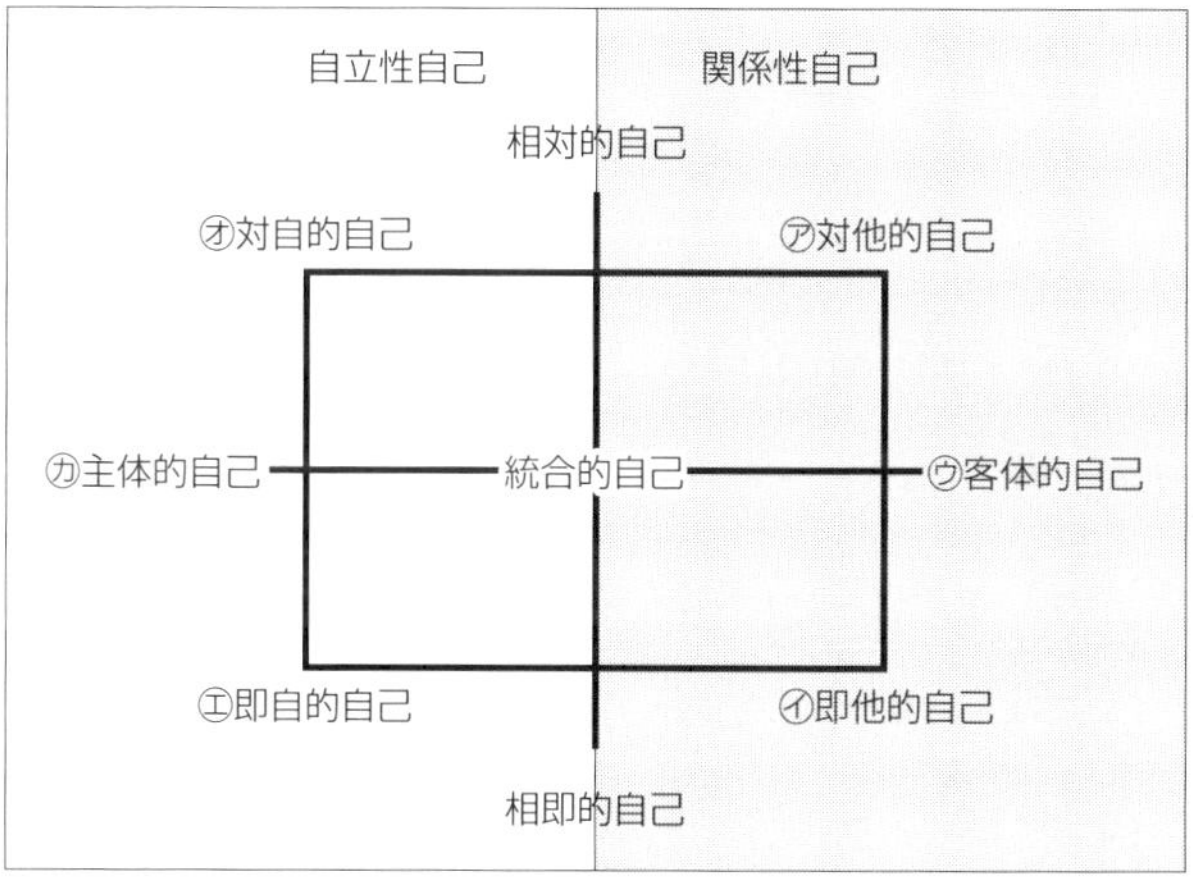

図17

もっているでしょうか。

それは、他から与えられるものでもありませんし、どこかにあるモデルをなぞることで得られるものでもありません。自らが創造し、発見し、紡ぎ出すべきものです。その創発する自己を図化して示せば〈図17〉のようになります。本図は143ページ〈図14〉の最下層に配されます。

中央に配された〈統合的自己〉が、あるべき関係的自立存在としての自己です。

順に説明します。図の右側は関係性自己についてです。まず、㋐対他的自己。他者（状況）との関係においてつねに最適対応を心がける関係性自己です。それまで歩んできた経緯も大切ですし、いま現在の経験の蓄積（それを活かすこと）も大事です（ヒステリシス）。次いで、㋑即他的自己。他者（状況）において自足する自己、全面的に他者（状況）

に奉仕することにおいて心安らぐ自己、他者（状況）のために自己犠牲も厭わない自己です（シナジェティクス）。この対他的自己と即他的自己の間で関係性自己が形成されます。関係性存在としての自己を、他者を考慮しつつ（状況を配慮しつつ）客対化して現出させる自己という意味で、本図では㋒客対的自己と表示しています。客対的自己とは、人間社会のピュシス的秩序を（自己客対化の視点をもって客観的に）生きる関係性存在のことです。

次いで図の左側です。まず、㋓即自的自己。自らの振る舞いにおいて自己をいかに状況と適合せしめるかに腐心する自立性自己です。状況との間で恒常的安定性を保持する自己と呼んでもよいでしょう（ホメオスタシス）。次は、㋔対自的自己。状況との間でよりよき自己をつど選択する自立性自己です（セレクター）。この即自的自己と対自的自己との間で㋕主対的自己が形成されます。主対的自己とは、自らに向き合う自己を主体的に現出させる自己という意味です。社会的存在としてノモス的秩序を生きる（自分自身に対し主対的に正面から向き合って生きる）存在です。

この関係性存在（客対的自己）と自立性存在（主対的自己）とがバランスする中間領域で成立するのが関係的自立存在としての〈統合的自己〉です。

縦軸についての説明がまだ残っています。本図では、対他的自己と対自的自己の間に相対的自己が配されています。このように、対他的＝対自的に自己を相対化する自己とはどういう自己でしょうか。それは、あるべき全体秩序へ向けて自己をどのようにも演出・演技できる自己です（コヒーレンス、あるいは、ストレンジ・アトラクター）。

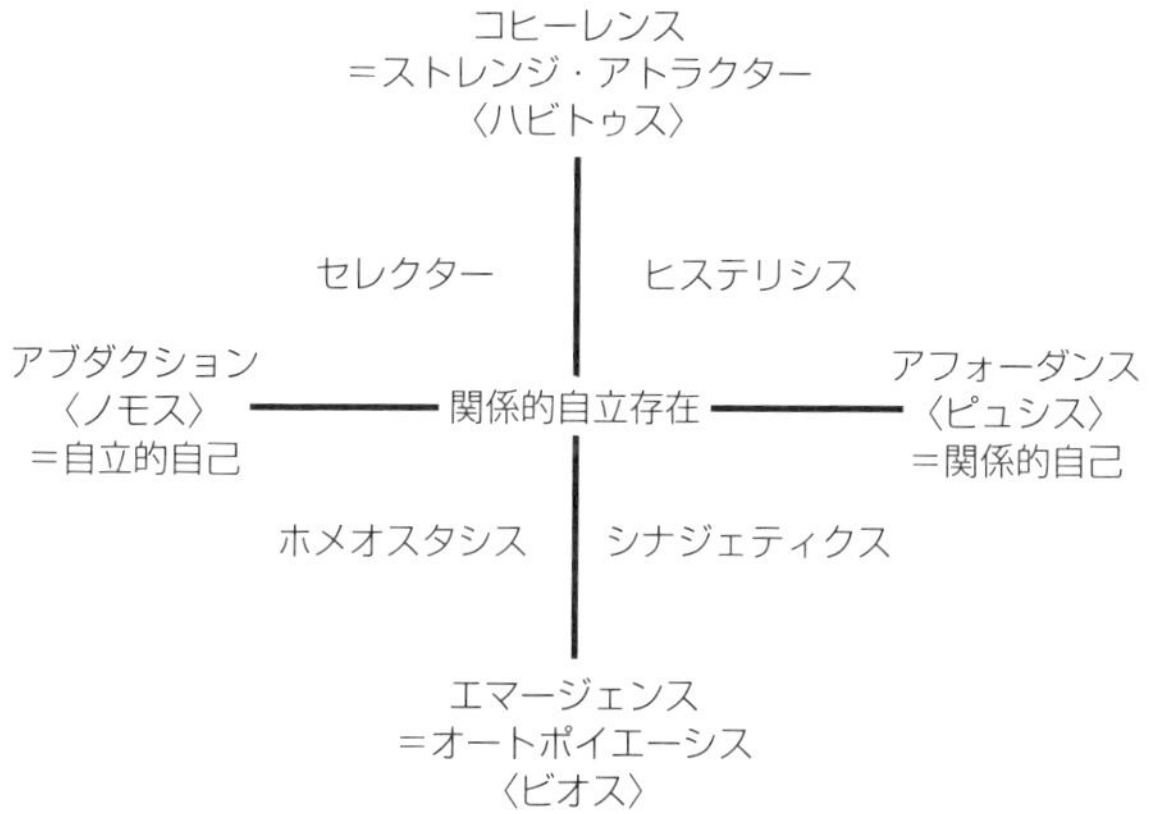

図18

また、本図では、即他的自己と即自的自己との間に相即的自己が配されています。即他的＝即自的に自己を相即融合せしめる自己とはどういう自己でしょうか。それは、人間存在の根源（暗黙次元）に根を下ろし、そこから不断に生命的活力を汲み上げる自己です（エマージェンス、あるいは、オートポイエーシス）。

この相対的自己と相即的自己とが融合する中間領域に関係的自立存在としての〈統合的自己〉が配されます。ということは、〈統合的自己〉としての関係的自立存在とは、単に関係性と自立性を橋渡しする存在者であるだけでなく、人間が等しくもっている生命的活性（エマージェンス＝ビオス）を、社会の全体秩序（コヒーレンス＝ハビトゥス）へと橋渡しする存在者でもあるということです。

以上をもう一度図解すれば〈図18〉のようになります。

要するに、関係的自立存在とはこの四象限座標系をバランスよく調停する者のことです。

なお、関係的自立存在が多数集まって企業や、ひいては国家などの自立的関係存在としての人間集団を作りますが、そのような自立的関係存在もまた関係的自立存在です。そういう意味で、関係的自立存在＝自立的関係存在は入れ子構造的に社会全体を覆っていると言えます。人間各人が〈統合的自己〉でなければならないように、それによって構成される企業組織や国家もまた〈統合的存在〉でなければなりません。

したがって、〈統合的自己＝関係的自立存在〉である個々人同士が、企業などの〈統合的存在＝自立的関係存在〉へと自己統合を図るためには、その企業など〈統合的存在＝自立的関係存在〉の要請に即応して、それに適合するように〈図17〉〈図18〉で示した相互バランスを不断に微調整していかねばなりません。各〈統合的自己＝関係的自立存在〉の自己本来性を堅持しつつそうするのです。その際大事なのは、〈統合的存在＝自立的関係存在〉である企業は、そのメンバーが自己調整不可能なほどの要請を行うべきではないこと、および、〈統合的自己＝関係的自立存在〉であるメンバーの方でも最大限柔軟に〈統合的存在＝自立的関係存在〉の要請に応える努力をすべきこと、この二点です。この〈統合的自己＝関係的自立存在〉と〈統合的存在＝自立的関係存在〉との間を巧みに調停する者こそが、本講で言う参謀型リーダー＝卓越者リーダーです。

セミナー

総括 質疑応答

十五回にわたって行ってきました本講義も前回で終講となりました。これからはゼミナール形式で、これまでの講義や質疑のなかで分かりにくかったこととか、もっと掘り下げて議論したかったことなどを自由に話し合っていきたいと思います。

Q1：生命論的経営論をひと言で要約してみてください。

A：生命論パラダイムからすれば、経営の理想は、ひと言で言って「計らわずしておのずから成るように為らしめる経営」です。これを私は、計らい度「零度のマネジメント」と呼んでいます。個の創発から全体の秩序が自生してくるような理想的な組織がそれです。

Q2：老子の「無為にして、而も、為さざる無し」「無為を為す」の「無為」ですか。

A：老子は「命ずること莫《な》くして、常に自ら然り」と言っています。命令を待って動くのではありません。互いに信頼しあい、支援しあって、自ずからなるべくしてなるのです。ヘラクレイトスの「ただ成るのみ」「動的統一」「こよなく美《うる》わしい調和」もそうですし、安藤昌益の「自然の真営道」「転定（てんち）の直耕」、芭蕉の言う「造化にしたがい造化にかえれ」もそこに繋がります。そこでは、各成員は規範的秩序を体現した責任存在として振る舞います。現実には、必要に応じて上からの規範的秩序化作用も加味はされますが。

Q3：しかし、そこには経営理念が心棒として組織の末端まで通っていなくてはなりませんね。

A：理念とは、もともと成員各人が懐《いだ》いている理念の抱握的合成であって、けっしてトップリーダーが自らを一般メンバーから区別された高みに置いてそこから一方向的・超越的に指し示すものではありません。メンバーにとって経営は創発的自己を主題化していく不断のプロセスなのであって、それを保証してあげることこそがトップリーダーの使命なのです。

Q4：具体的には企業はどんな経営理念を掲げますか。

A：たとえば、「会社は個人を尊重する、多様性を奨励する、独創的社員を全力を上げて応援する」というモットーなどがそうですね。それは、成員メンバーの意識変革を辛抱強く待つマネジメントです。それはマネジメントに対して緊張と忍耐と自制とを要求します。

Q5：計らわずしておのずからなる「零度のマネジメント」が成立するプロセスを具体的に説明してください。

A：その点について行き届いた説明をしているのはエドガー・シャインです。協力的かつ自制的な人間集団が自律的に形成されるプロセスを彼は次のように語ります。

人間が新たに集団を形成する（ないしはそれに参加する）際には、「メンバーが集団内での自分たちの役割を見つけ、または集団が目的や影響力、親密さに相応しい規範を作り上げるまでは、彼らは緊張しており、さまざまな感情的反応をするであろう」

「しかしいかなる集団でも、メンバーがこうした問題に取り組み自分の場所を見つける間、ある種の産みの苦しみを避けてとおることはできない」

「そのような過程が認められないならば、その集団は集団としての力を発揮できるような、真の集団にはなれず…単なる個人の集まりの状態が続く」

「メンバーがお互いの違いを知り、認め合い、…それを集団の力の源として受け入れてはじめて集団として効果的に動き始めるのである」

メンバー同士は「当初のコミュニケーションに問題があっても不安を抱いてはいけない」

当初の戸惑いは「メンバーがお互いによく知るため、様子を見るため、集団内で自分の立場を見つけるための努力の表われ」である

「多様な感情的反応スタイル…が集団活動において個々の役割を持っていることを理解」した上で、「メンバーはまっとうに集団形成課題に取り組」まねばならない

そうすることで「個々の自己中心的行動が消え集団が整いはじめるにつれて集団が存続し主要な課題を達成するための対外的関係と内部機構の両方を管理する能力を集団は…高めていく」

集団はその時熟を自制心をもって辛抱強く待たねばならない

各メンバーがこのような「自分たちの対処行動を…身につけるにつれ、また他のメンバーがどのように感じ反応しているかが分かりはじめるにつれ、さらに集団が彼らの参加と彼らの潜在的な貢献を

期待していることが分かるようになるにつれて、彼らは徐々にリラックスし他のメンバーに意識を向ける能力も増してくる

こうしたことが起こると集団の雰囲気やムードに変化が現れる。切迫感は緩和され、他の人の話をよく聞くようになり、遂行すべき課題から逃避することも少なくなり、集団全体が一致団結して喜んで協力するようになり、堅苦しさも減り、独断的な規則に頼ることも少なくなる

一方、集団全体の業務遂行のために自制したり個人的な問題を抑えるようになる」

「そのような状態は、強制的に押してつけても達成されない」

〈以上、『プロセス・コンサルテーション』〈白桃書房〉二四四〜二四六頁〉。

自己励起的・自己形成的な「零度のマネジメント」プロセスはここからスタートします。暗黙次元の裂開はまず情動面から始まります。まず情動的動員すなわち人心収攬がなければ何事も始まりません。

Q6：生命論的組織原理の特徴を要約してください。

A：組織はつねに〈個の自由〉と〈全体の秩序〉とがせめぎあう矛盾葛藤の場です。矛盾するものの間がうまく調停されたとき場は統合されて一つの「融即場」となります。そこは矛盾対立するものが相互否定的即相互肯定的に媒介された一つの自律空間です。この否定即肯定の融即的境位がわれわれが目指す「零度のマネジメント」の究極極致です。

Q7：融即場とは、矛盾対立するものの間が相互媒介されることで開かれる組織の新しい次元のことですね。それはどんな特徴がありますか。

A：新次元としての組織の融即場は自律空間です。それはその構成要素の単なる集合とは異なった新しい性質を獲得しますが、その特徴はひと言で言って、非平衡複雑系（ないしは複雑適応系）としての組織特性です。すなわち、個の創発的自由の振る舞いから全体の秩序が自己組織的に自生してくるような組織特性です。

非平衡複雑系（複雑適応系）の組織特性は、端的に言って生命システムがもつ特性です。その特性は次の四点に集約できます。

①要素間の相互作用によって要素の役割が動的に決まりかつ変化する。
②要素間あるいは要素と環境との関係変化を通して可塑性・安定性を獲得しつつ共生的に進化する。
③全体と部分とが有機的にカップリング（合生的共生）されていて、その全体システムのハイパーサイクル（認知フィードバック効果、自己増殖的相互触媒作用、自己励起的発展性）によって互いが互いを強化しあう。
④要素の振る舞いに強い影響を与えるような、つまり状態の選択をコントロールするような役割を担う特性をその内部から自生させる。

つまり、生命システムとは、細部まで厳密には規定されておらず、複雑なダイナミクスをもって全体が調律され、そのなかで部分が互いに同期的に自己調停されつつ自己生成し、全体をして自己保持・自己増殖させていく能力を有するシステムのことだということです。

これを組織一般に置き換えるなら、次のような振舞特性をもった生命論的組織として要約できます。

①組織を構成する成員同士の間、および成員と組織との間、さらには広く組織と社会一般との間をできる限りつねに生成変化する開かれた動的過程として保存するような組織。

②どこにも超越的規範は存在せず局所的振る舞いが自律的・分散的・並行的・非線形的に相互作用しあうことで全体が不確定的・確率論的・相転移的に自己秩序化していくような組織。

③自己生成した結果を利用して再び自己を生成していく自己触媒的・自己言及的・認知フィードバック的な自励発展性を備えた組織。

④自己の統一性を〈個の創発〉特性と〈全体の秩序〉化機構がせめぎあう中間の非平衡状態において保ちながら逸脱や暴走もある程度までは秩序化のためのエネルギーとして許容するような中枢機能を備えた組織。

これは企業組織にも、NPO組織にも、その他すべての組織にも、共通して適用可能な普遍原則です。

そこから組織成員の間に「働く」ということについて、共通の意味と価値が新しく紡ぎ出されてきます。「組織を秩序体たらしめる根源は個の創発にある」という共通理解もそこから生まれてきます。

そうなってはじめて、組織が抱える矛盾葛藤を調停する努力もコヒーレントに（方向感の揃った）調律された組織動学プロセスとなります。

Q8：そのような生命論的な普遍原則が成立するための条件は何ですか。

A：この普遍原則が成立するためには、すべての振る舞いが責任・役割・義務の観念によって律せられているようなシステム、それらが入れ子構造化されたシステム、状況適応性と全体的一貫性とのバランスの取れたシステム、柔軟でありつつ同時にしっかりと構造化されたシステム、が構築される必要があります。それはたとえば次のようなシステムです。

変形と生成のなかで絶えず新たな構造を産出しつづけるダイナミックなシステム。

流動する動的エネルギー（揺らぎ）を吸収し消化してしまうことなくむしろそれを発展の原動力として保存しつつそのなかでシステム進化が休むことなく進行するようなシステム。

硬直的な規範化された行動、がんじがらめの構造的な制約からの解放としてのシステム。つまり、構成要素の柔軟な対応・共存・連関のもとで一つの全体が緊密に構成されているような有機体的システム。

開かれた共同性へ向けて不断に再組織されていくような振動する場としてのシステム。

あらゆるイデオロギーや超越的権威が排除され、自らを記号化し抽象化することによって構成される、一個の仮構的な差異の体系としてのシステム。

機能的役割存在を置換不能の唯一性として捉えるのではなく、いつでも代替させることが可能な

（連鎖のなかの）一媒介項として捉えるシステム。

つまり、ひと言で言って、生命体のような、あるいは一つの生態系のようなシステムです。

Q9：具体的にはどんなものが考えられますか。

A：たとえば、共同制作される物語世界、連歌の座、自由参加の遊戯集団（踊りの輪）、などがそれに近いでしょうが、社会システムは本来みなこのような生命論的システム構造をもっています。その本然の姿をあらゆる機会を用いて回復するのです。

Q10：機械論パラダイムがいまでも支配するのはどういう場面ですか、具体例を挙げてみてください。

A：機械論パラダイムが支配する具体的ケースとしてはたとえば次のような場面を想定してください。診療室に患者が入ります。医師はPC画面上のデータを真剣な顔をして見ています。医師が患者に「熱はあるか」「咳は出るか」などいろいろとマニュアル通りの質問を機械的にします。医師はPC画面にその答えを熱心に書き込んでいます。二時間も待たされた患者はここ数日来の具合の悪さ加減をここを先途とばかりいろいろ説明しようとします。医者が患者に言います。「私の質問にだけ答えてください」。そして診察は終わります。その間、医師は患者の顔を見ることは一度もありませんでした。コンピュータという機械のなかのどこに患者がいるというのでしょうか。生きた患者は目の前にいるのです。あるいは、病院での臨終を迎える場面です。昔なら医師が脈拍を取り、瞳孔を調べておごそかに「ご臨終です」と告げました。いまは、ナース室からガラガラとモニターを引っ張ってきて「心肺停止です」と機械的な宣告が下されます。パラダイムが転倒しています。

Q11：目指されているのは結局のところ生命論的システムだということですが、それにはある程度の逸脱は許容されるべきだということですね

A：個人の自由・自律は尊重されるべきではありますが、当然のことながら社会倫理・組織倫理からの大幅な逸脱は許されません。しかしながら、逸脱はどんな些細なものであっても一切それを許さないというような偏狭な考えでは社会・組織の活性は削がれてしまいます。逸脱によって新たな発見の場が開かれる、あるいはそれによって改めて人間性が回復されるという側面もあります。どこでそのバランスを取るかが重要です。許されない極端なケースを明確にしておき、それ以外はできるだけ多くの自由度を許容するのが望ましいでしょう。そうすることで社会・組織の創発的活性ないし潜在的可能性を最大限に賦活ないし拡張するのです。

Q12：それはあたかもジャズのジャムセッションにおける演奏者間のコラボレーションのごときものでしょうか。

A：そうですね。共通の規範意識と繰り返される練習、およびその結果としての熟練のなかで、各人の自由は最大限に解放されます。それは各人の日常の生活倫理が社会倫理・組織倫理と適合的であるような場を日々どうやって構築するかの地道な努力へと通じます。それは単なる仕組みの問題ではありません。意思決定プロセスに誰でもが自由に参画できるというような単純なことでもありません。使命感に裏打ちされた自発的な役割意識で各人が自由に影響力を行使でき、またその応答性を確保できるような行動規範をどうやって社会・組織に根付かせるかの努力です。言いかえれば、成員すべてに自分が最終的意思決定プロセスに対して責任ある行動主体として参画しているという意識をどうもたせるかです。

Q13：そのような生命論パラダイムによって実現する社会とはどんな社会でしょうか。

A：それはひと言で言って非平衡複雑系社会ないしは複雑適応系社会でしょう。複雑適応系社会は、人間社会がもつ共通の特性です。決定論的行動パターンと確率論的行動パターンが併存する多元的世界であり、環境条件が変わるにつれてこの二種類の行動パターンが隣りあわせに共存していく世界です。この行動パターンの適切な組み合わせによって複雑適応系社会は状態空間を巧みに乗り越えていきます。こうして部分相互間、部分と全体の間に整合性の取れたパターン・ダイリミクスが出現しますと、そのパターン・ダイナミクスによって今度は逆に複雑適応系社会自体がよりいっそう高次にリデザインされていくことになります。これは生きた企業組織でも同じです。企業も本来的に複雑適応系なのです。

Q14：企業ではどんな様相でそれは現れますか。

A：企業活動はいつも、あれかこれか、あれでもないこれでもない、といった選択の岐路に立たされています。つまり、非平衡複雑系です。非平衡複雑系は、選択の岐路に差しかかりますと、そのつど確率論的な経路選択を行います。意思決定とはその経路選択のことです（本講ではそれをアブダクションと呼びます）。その選択を乗り越えながら、企業は自励発展的に自己成長していきます。分岐点以外の定常状態では概ね決定論的過程が支配していますので、企業活動は確率論的過程と決定論的過程の両プロセスは互いにカップリングされたプロセスと見なせます。問題は、その時々の状況に合わせてそのプロセスをどう使い分けていくかです（本講ではそれをアフォーダンスと呼びます）。それができれば、企業はどのような状態変化に対しても効率的・可塑的・弾力的に対処していけます。こうして、状態空間の探索に必要とされる行動パターンが適切に選び取られますと、あたかも組織内の各部分がそれを予測していたかのごとく、周囲の振る舞いを注視し考慮に入れているかのごとく、自分の役割を認識するかのごとく、全体のパターン形成に参加しているかのごとく、統合的に振る舞うようになります。そして、この状態空間内の探索行動を通して系内に蓄積されていく経験のパターンが、次の経路選択に際しての貴重な情報資源となると同時に、系の適応力、すなわち構造安定性をさらに強固にしていく基礎となります。こうして企業は自らの複雑適応性をますます強めていきます（組織を挙げてのその複雑適応性のことを本講ではアテンダンスと呼びます）。

Q15：複雑適応系社会は人為的に作られるものではありませんね。おのずからそうなるということですね。

A：複雑適応系社会を設計主義的に作るのは不可能です。それは自己生成的なオートポイエーシス・システムなのです。オートポイエーシスの特徴は要素同士の新結合によって高次の複合的機能をもった新しいモデルが自励発展的に進化していくところにあります。大切なのは、系がつねに要素間の相互作用が起こりやすい状態に保たれていることです。

Q16：企業の場合、要素間相互作用が起こりやすい状態をどのようにして作るのですか。

A：企業には、先にお話ししたように二つの機能的側面があります。一つは定常的状況を推進する決定論的課程の側面と、いま一つは確率論的課程の側面、たとえば壊乱や歪みや暴走などの異常をチェックする側面です。このような二つの機能的側面が一体的に運営されてはじめて複雑適応系はホメオスタティックに機能することができます。シミュレーション技術やサイバネティクス技術の進歩によって補完されることで、そのような統合システムは今後一段と進歩していくものと思われますが、最終的にそのようなシステムをトータルに調停するのは人間しかいません。今後はその人間力とシステムとをどう組み合わせ共生させるか、それによってそれぞれの働きをよりいっそう効果的にするにはどうすればよいかが課題となります。そのような要請に応えうるシステムは、多分エコ・サイバネティクス（ホメオスタシス機能をもったサイバネティクス）システムのような開かれたシステムとなるはずです。しかしわれわれはまだそのような高度のエコ・サイバネティクス技術を手にいれていません。

Q17：最後にものを言うのは人間力ということですが、それがシステムと統合される際に大事なのは何ですか。

A：それには、すべての情報およびシステムが社会構成員全員の使用に供されねばなりません。それぞれがさまざまにコンフィギュレートされ相互にシナジェティックに協働しあうようにすることです。特に、豊富な実践経験知をもったエージェントやエキスパート同士がネットワークされ、互いの知価情報を連鎖的・複合的に活用しあうことが重要です。そこからより高度の情報やシステムが創発していく仕組みを作るのです。それには、つねに現場の状況をモニターしていて必要と思われれば現場からの要請の有無に拘わらず積極的に介入して軌道修正することができなくてはなりません。それらがつねに鮮度を保って有効に機能しつづけるためには、エージェントやエキスパート相互の間のシナジェティックなコミュニケーションが欠かせません。企業でも一般社会でもこのことは同じです。

Q18：オートポイエーシスについてもう少し補足説明を願います。

A：オートポイエーシスとはマトゥラナによって提唱され、ルーマンによって一般社会システム理論に普遍化された構想です。

「オートポイエーシス・システムとは、自らの作動を通じて自己を産出する自己言及的システムであり、そこではシステムが要素を産出し、要素の関係がシステムを再生産するという循環関係がある。このような自己自身と相互作用するような円環的な作動を反復することによって自らの境界を区切り、それによってはじめて存在しうるようなシステムがオートポイエーシス・システムである。それは、作動を継続することではじめて閉鎖的なループを形成しうる生成プロセスの連鎖であるが、同時に外部環境に対して開かれていることによってはじめて存続しうるシステムでもある。閉じて作動するが故に開かれている」（以上は、マトゥラナ／ヴァレラ共著『オートポイエーシス』〈国文社〉河本英夫訳より）

企業の組織活動、および組織とその成員の間に生成される経営システムはまさにオートポイエーシス・システムの典型です。組織において人が作られ、人によって組織が作られる、相互生成関係にあります。それはまさに、外部環境に対して開かれているが故に継続的に作動することができ、存続することができる生成プロセスです。外部に対して開かれた自己言及的な自己生成システム、たとえば、自然にできるお祭りの輪なんかもそうかもしれません。そこは陽気な、相互協力的で愛嬌に充ちた、祝祭の場です。

Q19：次はホメオスタシスについてもお願いします。

A：「生命が不断の外的・内的諸変化の中に置かれながら、すべての状態を安定な範囲内に保ち生命を維持する性質」（キャノン）がホメオスタシスです。次のように説明されます。「ある機能や性状の正常値からの変動は、負のフィードバックによる調節機構で補正される結果、ある安定的な幅の間に保たれる。この機構によって生物は環境からの直接的影響を免れて自由性、独立性を高めることができる」（キャノン）

Q20：人体がまさにそうですね。

A：身体は、運動によって体内の酸素が不足すれば呼吸を速めて酸素吸収を促し、脈拍を早めて体内隅々へ酸素を補給します。発熱によって体内の細菌と戦うのもそうでしょう。すべてホメオスタシス機能です。企業組織でも同じです。それはさまざまなフィードバック・システム、サイバネティクス・システムを装備していますが、それらはみなホメオスタシスの生命的働きです。組織はそれによって賢明性と安定性を発揮します。企業が社会の公器と言われ、社会的責任を第一義に掲げるのも、また企業活動の公明性・公正性が担保されるのも、社会に開かれた企業のホメオスタシス機能によるものと言えます。

Q21：次にシナジェティクスについてお願いします。

A：シナジェティクスとは、「平衡から遠く離れた状態にある系において部分相互間の近距離相関・遠距離相関から生み出される協力現象」のことであって、それは、次のように説明されます。

「諸種の運動様式の協働と拮抗から生まれるリズム共振であり、それを通しての新たなパターン形成である」（ハーケン）

「多数の異なるプロセスや構造が、互いに調和しあいながら、すべて同時に、またはある一定の経路を通って漸進的に形を変えながら脈動する」（プリゴジン）

生命の基本構図です。

Q22：具体的にはどんな例がありますか。

A：たとえばサッカー場でのサポーターたちの熱狂を想像してみてください。そこは平衡（日常性）から遠く隔てられた空間（系）です。誰が指揮するわけでなくても、そこにはさまざまな協力現象が見られます。サッカー場全体が協働と拮抗のリズム共振体です。いっときとして同じ状態に留まることなく、つねに形を変えながら、それでいて一定の脈絡を保ちつつ全体が生き生きと脈動しています。企業組織も企業活動もそうありたいものです。すべてが同じ場を共有し、そこに共感をもって参入し、ともに感情移入を共体験できるなら、毎日がどんなにか楽しいことでしょう。

Q23：組織進化、あるいは組織活動、組織規範、組織理念、あるいは組織改革と言った言葉が講義のなかで何度も出てきましたが、われわれが組織のなかで働くということとの関連で、それらについてもう一度まとめて説明してください。

A：組織のなかには多様な知識・情報が蓄積されています。そのうちどれが働くかは組織を取り巻く環境条件によります。つまり、組織が大きな環境変化に直面したとき、それまでに蓄積された知識・情報のうち最適なものが選び出されて働きはじめ、それによって組織は状況に適応しながら、同時に状況を新たに作り出しながら生き延びていきます。これが組織進化のメカニズムです。

生物が遺伝情報の容れものであるように、組織も知識・情報の容れものです。しかもその知識・情報の内容あるいは構造は刻々と再編されています。つまり、膨大な知の相互作用が織り成す組織活動に自らを一体的に統合していきながら同時にそこから新たな組織活動を生成していく営為がわれわれが働くということの内実なのです。そして、その向かうであろう方向つまり環境条件の変化を予見し、あるいは期待し意欲することが状況判断ということです。そして、その状況判断の適否がわれわれの働きの価値と意味とを決し、われわれが社会的に有用な存在たりうるかどうかを決定します。

このように組織活動は、自らに拘束されつつ自らを自己生成していく自己言及的・自己触媒的な自励発展プロセスです。組織にあってその組織活動のなかから自己生成されてくるのが組織規範であり組織理念です。いくら優れているからといって他から組織規範や組織理念を借りてきてもしてもうまくいきません。組織に求められるのは、自らの内部にどのような組織規範を蓄積しているか、そこでの組織理念がこれまでに進んできた軌跡と今後の進むべき方向をどれだけ一貫性をもって鮮明に指し示しているかです。

通常、組織経営と言えば、組織をさまざまな構成要素に分割してそれぞれのプロセスをいかに効率的に運営するかの改善手法と受け取られがちですが、現実には複雑適応系である組織活動はそれらの部分要素の単なる集合でもなければ、それらの組み合わせをあれこれ操作することでもありません。

組織活動はそれ自身、要素に分割不可能なあたかも生命のごとき統一体です。もちろん具体的な組織管理の局面では、個々の要素にいったん分割してみて、それぞれの不具合をチェックするという線形的操作は必要だしまた有効でもありますが、それはあくまでも全体の総合的理解を同時に伴っての上でなければなりません。

たとえば人間の身体は遺伝子系・脳神経系・免疫系・代謝系・等々に分けてその働きを見ていくことは可能だし大切なことですが、仮にAさんの遺伝子系や免疫系などの働きがすべて解明されたとしても、その知見をいくら足し合わせてみてもAさんという人間を理解したことにはなりません。Aさんという人間はそれらの部分系の集合を超えたトータルな働きだからです。

組織改革についても同様の視点が必要です。さまざまな機能的局面に分かってそれぞれについて改善するという手法のほかに、組織をトータルに捉えて、そのプロセス全体の働きを統一的に理解し、その活動をより生き生きしたものへと賦活していくにはどうすればよいかを問う視点が他方になければなりません。

つまり、組織を線形的な局面（決定論的課程）と非線形的な局面（確率論的課程）とが複雑に絡み合ったプロセスとして捉え、この両プロセスをともに包含しつつ全体をトータルに刷新していく手法が求められます。それが組織改革ということの内実です。

Q24：組織改革を生命論パラダイムによって説明するならどうなりますか。

A：組織改革とは、組織内部に局所的に発生するさまざまな揺らぎや摂動を組織全体に効果的に波及させていくことです。その組織改革のダイナミクスが全体に波及していくなかから空間的パターンや時間的リズムをもった秩序が生まれます。そこに形成される組織秩序は自らのダイナミズムによってつねに活性化される動的秩序であって、さまざまな軌跡を描きながら新たな次元に向かって進化していきます。ときに揺らぎや摂動が増幅されて局所的な逸脱や暴走をもたらすこともありえますが、システム全体の破壊に繋がらないようそれを調整したり補正したりしながら組織全体はその頑健性を強めていきます。組織改革とはこうして組織が安定性や頑健性を獲得していく生きたプロセス・ダイナミクスなのです。

インターネットをはじめとするIT革命によって、この社会や組織は多様な揺らぎや摂動がいっそう渦巻く場となりますが、それはこれまでの供給サイド主導の社会と違って、需要者サイドが社会のダイナミズムを生み出すというところにその特徴があります。多数かつ多様な需要者が社会を動かす主導因となるということは、一つ一つは小さな揺らぎであってもそれらが集まれば大きな変化を生み出すケースが増えてくるということを意味します。

したがって問題は、それらの多様な動きを組織の安定性、革新性にどう結びつけるか、そのための内部機制をどう構築するかということになります。組織外在的なチェック機構や管理体制の強化だけでは有効な揺らぎや摂動をすら消去してしまう惧れがありますから、できるだけ組織内在的な自律的自己調節機能や、内部環境化された調整システムにそれを委ねていく必要があります。組織内在的にそれを可能にするのは、日常業務執行面における相互の行動規制と、組織全体に張り巡らされた情報共有体系、およびそこから生まれる相互監視です。それによって部分同士の間に透明性をもった位相関係が生まれ、それを通して協調的なコラボレーションが生じるように仕向けていくことです。そうすることで個や部分の逸脱や暴走を自律的にチェックすることです。

組織改革の狙いは要するに、組織それ自体を生命活動体のようにしようとするところにあります。つまり、組織全体を共鳴・共振するネットワークとすることです。それを通して局所的な揺らぎが全体の秩序形成に貢献するような仕組みを作り上げることです。すなわち、局所的な揺らぎによって生み出されるシステムの歪みを補償するために組織がそれを打ち消すような情報流を自己生成し、その生成された情報流からその場に新たな秩序が作り出されるような仕組みを生み出すことです。

システムの歪みとは揺らぎや摂動によって組織内に情報勾配が生じることでシステムが非平衡化することを言います。それを補償するとは、揺らぎや摂動を単なるエントロピーとして系外に排除するのではなく、むしろそれをネゲントロピーの生成因として系内で活かすことです。前にも述べましたが、このことをプリゴジン博士は次のように説明します。

「非平衡定常状態を維持するためには、内部で生成されるエントロピーと等量の負のエントロピー（ネゲントロピー）を系に不断に供給しなければならない。平衡から非平衡へ漸次移行するとき、エントロピーは連続的に減少する（ネゲントロピーは増大する）、この拡散の中の物質の流れの逆転によって、形態形成場の中を形態形成因子が伝播し、位置情報が形成され、情報の位相勾配が確立し、空間パターンが生まれる」

ここに組織改革の本質があります。このようなことは企業経営の現場では日常的に行われていることです。

Q25：仕事意識と職業意識の関係についてもう少し説明してください。両者の間には矛盾葛藤があるということですね。

A：職業は往々にして外的強制として、つまり一方的に服従することだけが求められる外的規範作用として受け取られがちです。そうなると、自分自身がその化身と幻想する場合は別にして、職業意識と仕事意識との間に乖離が生じます。そこからは充足感など生まれる余地はなく、無効力感や不満感に苛まれるだけとなります。本来的に望ましいのは、各人のもつ仕事意識の間主観的集合から組織全体の集合的職業意識が自己組織的に形成されることです。しかし、そのためには組織サイドでもいろいろと考えねばならぬことがあります。

Q26：たとえばどんなことでしょうか。

A：組織のなかの一機能環として自分をそのなかに進んで紛らすことのできるとき、人は効力感を覚えます。そこには個人的な欲望や願望を極力洗い落としてでも自らを組織に一体化させようとする健全な役割意識があります。言いかえれば、組織が掲げる組織論理との合一を希求する役割意識から効力感が生まれるのです。そのためには組織が則る組織論理は成員各人の懐く職業意識と合致するよう編成されていなければなりません。

それができていないとき（往々にして合致しないことの方が多いのですが）、そこからさまざまな組織病理が発症します。どうしても合致できないとなれば成員は組織から離脱するでしょう。優秀な成員ほどそうなります。組織はそうさせないよう組織論理をより納得の得られるコンテクストへと編成替えしなければなりません。

要するに、自立性が阻害されて無効力感や不満感に苛まれることがないように、関係性がうまく自己編集できていてその上で自立性が十全に発揮できるように、組織体制をどう柔軟に編成替えするかが問題です。しかも、その編成替えのプロセスは広く成員各人の討議（納得）に晒されている必要があります。それができてこそ、成員各人には強い主体的責任意識と真の効力感が育つからです。

そうでないと、組織論理は成員各人の懐く職業意識から遊離して独り歩きを始め、強権的な外的圧力としてのみ成員に意識されるようになります。そうなると、そこには最早健全な職業意識（責任意識）など育ちようがなく、組織には無効力感が漂うばかりとなります。

Q27：職業意識と組織論理を合致させるため企業には何が求められますか。

A：職業意識と合致しない組織論理を掲げていては組織は存続できませんから、そういう意味では、組織経営とは組織論理と職業意識とをいかに整合させるかの努力の体系だと言ってよいでしょう。

両者が矛盾なく合致していると認められてはじめて、成員各人の間に組織の一員として社会発展に貢献しようとする社会的責任感も生まれます。この責任感から企業自体の社会的責任の観念も生まれます。この社会的責任の観念に媒介されることによって、今度は社会道理と組織論理との間も統合されます。その重合的統合によってはじめて、組織と社会の間にも健全な秩序感が生まれます。

逆にこの秩序感のないところでは、成員の納得する組織論理も生み出されませんし、社会道理もみなに広く受け入れられるものとはなりません。

組織論理と社会道理はともに揺れ動いています。この揺れ動くもの同士の相互調停から生まれる秩序感もしたがって当然に揺れ動いています。この揺れ動く場における、社会道理と組織論理と職業意識と仕事意識の四者統合から、新たな社会規範が生み出されます。そこには一種の跳躍があります。組織においてその関係構成の高度化のためのジャンピング・ボードの役割を果たすのが、すなわち社会的責任の観念なのです。それを媒介にして組織論理と社会道理は統合されます。

社会的責任の観念は他から強制されるべきものではありません。義務として服すべきものでもありません。それは企業組織のなかから、自らの発条をもって、躍如として湧出して来るべきものです。

Q28：社会道理と組織論理、職業意識と仕事意識の相関関係を分かりやすく説明してください。

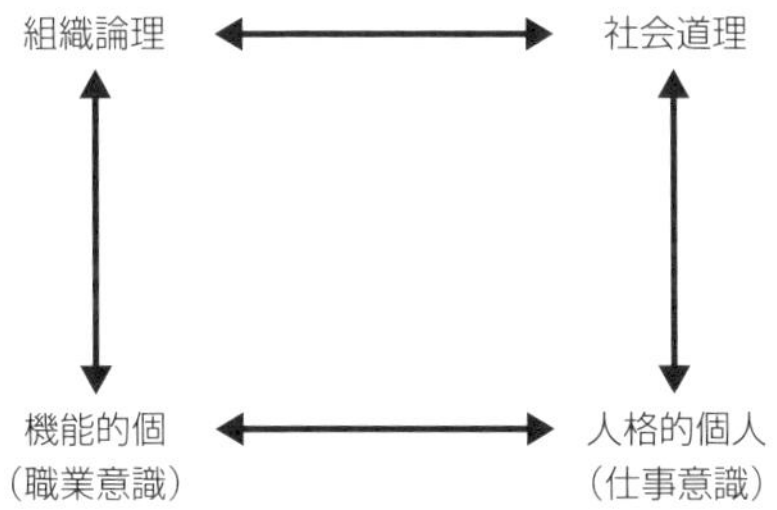

A：上図のようになります。人は組織内の機能的個（そこから職業意識が生まれます）と社会人としての人格的個人（そこから仕事意識が生まれます）の間を媒介・調停しながら生きています。それだけでなく、人は機能的個と組織論理の間、人格的個人と社会道理の間も媒介・調停しなければなりません。そのうえ、さらに組織論理と社会道理の間も媒介・調停されねばなりません。それを媒介・調停するのは結局は人です。

順序としては、まず人格的個人があり、それが社会のなかに正しく住み込み自立した社会人として社会道理との間を媒介・調停します。

一方、社会人として自立した個人は何らかの組織に属して、組織人として機能的個の役割を担いつつ組織論理との間を媒介・調停します。組織に固有の組織論理は社会がよって立つ社会道理と整合的でなければなりません。

こうして四者は媒介・調停されますが、そこには複雑な相互作用関係があります。たとえば、組織に属する機能的個が組織論理との間を媒介・調停するには双方からの相互修正的な接近がなければなりませんが、それには機能的個と人格的個人との間の媒介・調停もなくてはなりません。また、社会に属する人格的個人が社会道理との間を媒介・調停するには双方向的接近が必要ですが、それには社会道理と組織論理の間の媒介・調停ができていなくてはなりません。このように相互は複雑に絡み合っています。たとえば、人格的個人が機能的個との間を媒介・調停する努力の結果として、機能的個は組織人として進んで組織論理の体現主体となって働き、その組織論理の体現主体に支えられてはじめて組織は社会のなかで重要な機能環の責任を果たすことができ、そうやって自分は社会的責任・使命を果たしえていると得心できてはじめて人は社会道理を体現する人格的個人として自足することができます。

Q29：なかでも根幹をなすのはどの部分ですか。

A：相互循環（相互生成）のポイントは、機能的個と人格的個人の間をどう媒介・調停するかにあります。そもそも媒介・調停するとは、矛盾対立するものの間（たとえば、自由と秩序の間）にあるいわば捩じれをもった二焦点楕円構造∞の二つの焦点を、無限接近させたり、両者の間を適正に引き離したりする操作のことです。この二焦点を無限接近させていけば、そこに垂直座標（Y軸）が立ち上がりますし、二焦点を引き離していけば、そこに水平座標（X軸）ができます。そして、この二軸（XY座標系）の交わる原点に位置するのが規範意識（アテンドダンスとしての「構え」）です。原点にあるという意味では、規範意識はこの座標系の全体に開かれているとも言えます。捩じれのないただの楕円なら二焦点を接近させればやがてそれは重なりあいそこに真円という閉じられた空間が形成されますが、そこに捩じれがあるためこうして形成される規範意識は開かれた空間座標をもつことが可能になります。個と全体、自由と秩序、の間は絶対矛盾的自己同一の関係＝捩じれの関係にありますから、その間の媒介・調停から開かれた規範意識が育つのです。「開かれている」とは、周囲の状況変化によって内容が柔軟に組み替えられるということを意味します。

Q30：機能的個と人格的個人の間がすべての根本だということですね。しかし、われわれは平素そのことをあまり意識しませんがなぜでしょうか。

A：組織のなかの機能的個は同時に社会のなかで人格的個人としても存在しています。この個と個人の間をどう媒介し、どう調停するかは組織自体にとっても重要な課題です。おっしゃるようにわが国では人も組織もこの間の相関関係をあまり意識しません。これは機能的個が十分に発達せず、人格的個人の確立も中途半端に止まったままで、近代国家へと踏み出さねばならなかったわが国特有の歴史的宿命からくることです。それは、中世の寺社などの中間組織を不胎化させていきなり個・個人を一緒くたにして徳川藩幕家産官僚体制に組み込んでいった歴史的経緯にその原因の一端があるかもしれません。このような事態の下では、公と私、組織と社会の間の関係もすこぶる曖昧とならざるをえません。

Q31：個の自由と全体の秩序の問題がいわば棚上げされたまま先送りされつづけてきたということですね。

A：そうですね。組織と社会を繋ぐ中間項である共同体観念ないしは社会的責任の観念がわが国では希薄だと言われるのもそこに一因があります。要は、組織と社会の一体的相関をどう強めるかですが、その際、中核的使命を負っているのは組織の方です。したがって、この相関をうまく調停しながら運営していくには、組織の方に、言いかえれば、機能的個の側に、高度の社会規範意識が求められることとなります。

Q32：組織と社会の間を調停する上で大事なことは何ですか。

A：組織と社会の間を調停するのは社会規範意識です。そして、その枢軸となるのは組織の自立共生の観念です。他と関わりながら秩序形成主体としてかくあらねばならぬとする組織の自覚です。両者を実践面で媒介・調停するのは組織同士の間でなされる価値共創的活動です。また、社会がそのような価値共創の場であるためには、知識情報の共有に基づく組織相互間のコミュニケーションも不可欠です。また、組織が状況適応力を備えた秩序体であるためには、組織が内部に蓄積している多様な行動方程式を巧みにコンフギュレート（アブダクティブな組み替え操作）することもできねばなりません。それらが相まって、組織と社会の間でさまざまなシミュレーションやフィードバック機制が有効に機能することとなります。組織の社会的責任と言われるもの、したがって組織の高度の規範意識と呼ばれるものは、これらの全体を総合的に調停しうる組織能力のことです。
こうして形成される社会的責任観念、組織規範意識のもとで組織成員も社会人として、同時に人格的個人として成熟します。また、その成熟があってはじめて組織も真に社会的責任主体となることができます。しかしながら、この循環的弁証法が成り立つ上で決め手になるのは究極のところ、機能的個と人格的個人の間を調停する「自己」をどう練成するかに行き着きます。それには、その自己が内属する暗黙次元（「補講1」参照）に人・組織・社会がどこまで思いの測鉛を降ろすことができるかです。それには人間存在の根源的ありようについて卓越者リーダーの深い哲学的・心理学的思索が求められます。

Q33：上からの権力行使的な統帥的リーダーシップ（マスキュリニティ・リーダーシップ）と、下からの創発意欲喚起的な統摂的リーダーシップ（フェミニティ・リーダーシップ）を綯い合わせたリーダーシップのことをヒューマニティ・リーダーシップと定義されましたが、それを体現しているのが卓越者リーダーだということですね。

A：下からの創発的意欲という「個の自由」を最大限に保証しながら、それを統摂的に束ねることで「全体の秩序」を形成するには、そこにどういう機序が働いているのか、一般的に言って、自己組織的秩序形成はどうして可能なのか、という問いですね。
それは真に民主的な組織や社会あるいは共同体をわれわれは構想しうるだろうかという問いに繋が

ります。多少アイロニカルに言いかえれば、われわれが現にやっていることは、それとは逆に、全体の秩序を維持するために個の自由をもっぱら抑圧し、制限しているだけではないのか、という疑問にも通じます。

下からの創発的意欲のことをエマージェンスと捉え、それを統摂的に束ねる働きのことをコヒーレンスと捉えました。その上に「関係性」と「自立性」の間の相互補完的・相互生成的関係が重なります。エマージェンスを予定しないコヒーレンスはありません。関係性を背後にもたない自立性はありません。そこを蔑ろにしては全体主義的な統制が跋扈するばかりとなります。また、コヒーレンスを予定しないエマージェンスもありません。自立性を予定しない関係性もありません。それでは百家鳴争の混乱あるのみです。互いは互いを相互生成的に含みあっています。それらの相関がほどよく媒介・調停されたときそこは活力ある活動の場となります。人間の営みは、芸術制作であれ、教育の現場であれ、組織活動の場であれ、みな同じ構造をもっています。エマージェンスが掻き立てられてコヒーレントな方向づけがなされ、場のコヒーレンスが見えてきてエマージェンスがさらに沸き立つ、関係性が方向づけられて自立性が立ち上がり、自立性が確立されて関係性がより豊かに形成されます。それによってその場は喜ばしい祝祭の空間となる、その全体構図を成り立たせるのが卓越者リーダーです。

Q34：そこでの媒介・調停の契機となるものは何ですか。

Ａ：その点について深く思索した哲学者にスピノザがいます。スピノザについては別の本（『大妻良馬の人と思想—忘私奉公の生涯』）で触れたことがありますので、ここでは同じ趣旨のことを生命論パラダイムの言葉で語ったプリゴジン博士を引用することにします。

「われわれは法則によって支配された世界と、不確実性の支配する世界の間で引き裂かれた存在である。これは自然はすべて認識可能という考え方と、人間の責任と自由によって選択的に行動する以外にこの世界を認識することは不可能だという考え方の二元論的対立を生み出す。人間はこの二元論的矛盾を乗り越えるために、これまで決定論的法則から演繹的帰結を導く機械論的還元主義に依拠してきた」

これを簡略化して言えば、複雑系社会を読み解くのに、われわれはこれまで機械論パラダイムに依拠していた。それ（機械論パラダイム）は、今日の資本主義文明を発展させる原動力となってきたという側面はあるが、同時にこの世界がもつ生命的豊かさを見失わせることにもなってきた。そして、いまは、

「この両者の間に新しい統一を目指すべき時代である。それは一貫的・論理的・必然的な一般理論を作ることの情熱と、人間の自由・創造・責任という民主主義的理念という二つの矛盾しあう目標を調停し橋渡しする原理でなければならない。言いかえれば、理想化された静的世界と不安定で進化発展していく動的世界の二者択一を乗り越えるものでなければならない」

これをわれわれの言葉で言い直せば次のようになります。〈個の自由から生まれる巨視的レベルの

進化発展的過程こそが秩序形成の源泉でありその現場であるという事実、および個の自由が真に生かされるのは非平衡状態から生成される創発的秩序のなかにおいてのみであるという事実、この二つの事実にともに立脚することによってのみ可能となる〉。

Q35：つまり、われわれが取り組むべきは、個の自由（エマージェンス）から全体の秩序（コヒーレンス）が生まれる機序の探究だ、ということですね。では、そのような個の自由から全体の秩序が創発してくる過程的場所こそが最も生産的な豊穣の場所であるとして、われわれはそこで具体的にどう振る舞い、行動すればよいのでしょうか。

A：プリゴジン博士は次のように言います。

「今や創発しつつあるのは、決定論的世界と偶発性だけからなる恣意的世界という二つの人間疎外的な描像の間の中間的記述である。世界は法則に完全に支配されているものではないし、世界はまったく偶然に支配されている訳でもない。盲目の法則と放縦な事象との間の劇的な二者択一から逃れる隘路を構築し、予言でき制御できるものと、そうでないものとの境界設定を明らかにすることである。それによって複雑系を特徴づける非平衡不安定性に関する新しい形の理解可能性を開くことである。われわれの住むべき世界は、二者択一を乗り越えるこの動力学的な中間記述の場所にしかない。それがどんなに隘路であっても光へと通じる路はそこにしかない」

そここそが人間の創造力と想像力の源泉、新しい意味が発生する場所なのです。いますぐ解が見出されなくても、その場で解を求めて自らをアテンドせしめること、居住まいを正すこと、関係性と自立性の統合的調停がなされる関係的自立、それこそが「われわれ自身を自然のあらゆるレベルに遍在する根本的動向の表現たらしめる」ことなのです。そういう意味では、いま「われわれはその転点、すなわち新しい合理性の始まりへと差し掛かっている」のです。その解明のための使命を担うべき者として、「われわれはいまや新しい地平、新しい問題、新しい危険を見出しつつある特権的時代に生きている」のです。いま、ここここそが喜ばしい祝祭の場なのです（「　」内は『混沌からの秩序』『確実性の終焉』〈みすず書房〉、などプリゴジン博士の諸著作からの私見を交えての引用です）。

これ以上付け加えることもありませんし、改めて解説の必要もないでしょう。要は、線形的な決定論的世界（機械論パラダイムに立脚するマスキュリにティ・リーダーシップ論）と、非線形的な不確定的世界（生命論パラダイムに立脚するフェミニティ・リーダーシップ論）との中間に正しく住み込めということです。その中間世界が強いる緊張に耐えて生きよということです。「光へと通じる路はそこにしかない」のだと博士は言います。ヒューマニティ・リーダーシップ論はそこへ通じています。

Q36：ヒューマニティ・リーダーシップによってリードされた人間集団としては、歴史上どのようなものが想定されますか。

A：中世から近世にかけての一揆集団がそれに近いかもしれません。

われわれがいま直面している新しい時代の課題は、個を歴史の表舞台に真の主役として登場させることができるかどうかです。つまり、そうすることで窒息しかけた個の自由をどう回復させるかです。多少乱暴な言い方をするなら、新しい一揆の時代をどう開くかです。達観すれば歴史は個の自覚の歴史と総括することができます。聖徳太子の十七条の憲法も個の一揆的結束を促すための詔勅と見ることができます。平安時代の物語文学も個の自覚なくしては生まれようがなかったでしょう。

しかしながら中世以前は、血縁共同体・氏族共同体・祭祀共同体などの一員としての個の側面、つまり集団に埋没した個の側面が強く、したがってわが国の歴史に自立した個が表立って登場してくるには中世を待たねばなりません。

中世になると商品経済の浸透に伴って旧い共同体は再編成され解体していきます。さまざまな商工業者が百姓身分から個的に析出されてきます。個として固有の役割を担う武士も誕生します。つまり個が旧来の秩序体制に納まりきれなくなって、それを喰い破って歴史の表舞台に躍り出てくるのが中世なのです。

それに足なみを合わせる形で鎌倉新仏教が誕生します。「親鸞一人のためなりけり」「親鸞は弟子一人ももたず候」はその端的な例です。社会的にも下克上・一揆などの事象が頻発します。価値観の転倒です。有名・無名の個たちが各地で仏像造立、堂舎建築、さらには山道や水路の開鑿、架橋、港湾の修復などの土木事業に布施・喜捨・勧進するようになっていきます。能や狂言のような新しい芸術文化が個的天才たちによって完成を見ます。仏画・肖像画・絵伝の制作とか、紙・筆・絵の具などの素材製造や、表装・保存の技術開発なども盛んになります。そこから工人・技術者集団を個的に組織化する新しい手法も開発されてきます。つれて市場経済的秩序の領野もますます拡大していきます。これらの動きに伴って個の自覚はさらに高まり、つれて個同士の間の矛盾も先鋭化してきます。かくして中世は戦国動乱、一揆の時代たるを免れません。

近世・近代へと時代が下るにつれて個の自由は官僚制的な全体の秩序との間で矛盾葛藤を強めていきます。西欧と対抗する上で国家権力確立の必要から全体の秩序志向が個の自由志向を凌駕していきます。すなわち徳川幕藩体制の家産官僚制、明治新政府の国家官僚制、戦中戦後の近代官僚制によって一貫して全体の秩序が個の自由を覆っていくようになります。つれて個の抵抗も強まります。かくして現代は全体の秩序志向と個の自由希求が互いに相剋しあう時代となります。いわば八〇〇年の時を隔てて、いま再び新しい中世が始まろうとしているのです。新しい一揆の時代の到来です。

Q37：一揆についてもう少し説明してください。

A：一揆とは文字通り揆を一にすることです。それは志を同じくする者同士が共同の目的のためにその同志的集団行動に覚悟を定めて自らを企投することです。一揆にはいくつかの土一揆に見るように、必ずしも全員が主体的に参加したのではなく強制的に徴発されることもありましたし、なかには大名や武士たちの勢力争いに傭兵として動員されたケースもありましたが、それらの歴史的事象の根底には一揆的結社のエネルギーが渦巻いていたことは確かです。

そういう意味では、中世に盛んな勧進、念仏道場、自誓受戒、座、講、構などもすべて一揆であり、観点を変えれば「連歌」の文芸もまた一揆です。

「連歌の場では、参加者が平等であり、共通の意思の形成が認められるが、これは中世社会に特有の集団意思形成の場としての一揆にほかならない」（五味文彦『書物の中世史』〈みすず書房〉）

「自誓により戒を受ける方法は、勉学と同志的な結合を通じて達成をはかるものであり、（そこには）明らかに一揆的な強い意思が認められる」（同）

「御家人から選ばれた評定衆の合議（すらが）一揆の場として幕府の中心に位置するようになる」（同）

「中世後期の社会においては、武士も、農民も、僧侶も一揆を取り結んだ。大名の家臣たちの結合や、さらには中央政権を構成する大名たちの結合さえ一揆と呼ばれていた」（榎原雅治『一揆の時代』〈吉川弘文館〉）

「大名の総意にもとづく意見・嘆願・抗議を〈一同の儀〉と呼んだが、（これは）別の言い方をすれば、将軍に対する大名たちの一揆である」（桜井雅治『室町人の精神』〈講談社〉）

「室町・戦国期においては幕府に限らず守護や国人の家においても家臣団の〈一揆〉が家督や家政を左右することが多く見られた」（清水克行『室町社会の騒擾と秩序』〈吉川弘文館〉）

なかでも「勧進」は、たとえば東大寺造営勧進となった重源の勧進活動に見るごとく、権力者や高僧たちの支援を取り付け、仏師・石工・鋳物師などの技術者集団の組織化、貴賤を問わず広く作善を募る結縁、別所の経営、迎講・法会・練供養などによる民衆布教など、まさしく一揆と呼ぶに相応しい活動です。

問題は、中世人のなかに芽生えていたであろうこれらの一揆的な社会変革の精神をどう現代に蘇らせるかです。いわば魂の故郷としての中世をいまいちど想起することです。つまり端的に言って、上からの政治的・行政的構造改革をただ待つのではなく、企業をはじめあらゆる共同体をまるごといわば一揆共同体と化すことによって、自らの力で下からの社会構造改革・経営改革を実現していくことです。

そういう意味では現代のボランティア活動はまさしく一揆と見ることができますし、見方によっては会社（特にベンチャー起業）もまたボランタリー・アソシエーションとして現代の一揆集団と見ることができます。問題はわれわれ一人ひとりにその役割を引き受けるだけの覚悟があるかどうかです。

Q38：ユビキタス社会、情報化社会、知識社会など、いまはIT革命の時代と総括できると思いますが、それとの関連で経営現場はこれからどう変わっていくと思いますか。

A：ＩＴ革命はグーテンベルグの印刷術の発明に匹敵する文明史的変革を人類の歴史にもたらしつつあります。印刷術の発明によってそれまで特定階層に独占されていた知識・情報が一般庶民にも広く共有されるようになった結果、それらの独占によって支えられてきた権力中枢が崩壊した（ルネサンス、宗教改革、ひいては市民革命はそこに淵源する）ように、いまＩＴ革命はそれに匹敵する、あるいはそれを超える歴史的出来事となりつつあります。あたかも産業革命、ルネサンス、宗教改革、市民革命が一挙に到来したかの如くであります。いまわれわれはそのような人類史的転換点に遭遇しているのです。

ＩＴ革命の真の意味は、それまでの閉じられた知空間が知のネット空間へと一挙に拡張されることにあります。それは同時に知がウェブ上で自由に連結され、多様・多重に縮約されることでもあります。その時空間の拡張・連結・縮約を推進するのがＩＴ革命です。拡張・連結・縮約が進めばそれがまたＩＴ革命をいっそう進展させます。その相乗作用によって社会全体は一挙にユビキタス社会へと進化します。

二〇世紀まではひと言で言えば組織の時代でした。それに対し二一世紀は知識・情報の時代です。少なくとも権力体制によって固められた既往の組織秩序は脱構築されます。社会の権力基盤は、消費者・マーケットへ、組織内の周縁部・現場へ、つまり、個人へとシフトします。そうなればこれまでの権力中枢は揺るがされ、それに伴って社会全体が複雑系の様相を強めていきます。そこから時代に相応しい新しい秩序をどう自己組織的に生成させるかがこれからの課題となります。

ＩＴ革命によってもたらされる社会は階層的に平準化された社会です。すべては互いに相手を補完しあうフラットな役割同士となります。いままで権力機構が担ってきた調整機能の多くはコンピュータ処理に移されます。権力による価値的上下関係はウェブ上の機能的役割関係に置き換えられます。つまり、ＩＴ革命によって、それまで時空間つれて部分や周縁のもつ意味も重要性を増してきます。

に介在してきた媒介項が新たな役割機能を果たすようになり、部分や周縁が独自の存在価値をもつようになるのです。要するに、ＩＴ革命によって空間は縮約され、中央は脱中心化され、周縁部を含めあらゆるところが知の結節場となります。こうして権力は多様・多重に分散され、あらゆるところが実質的な権力中枢となります。かくして社会はその成員すべてが等価的価値を分有しあう公共空間となります。

そこでは知はデータベース化され、すべてをシステム的な計算処理過程に乗せることが可能になります。そこでは知は融合され、そこから生きて働く新しい知が創発します。それまで知識レベルに止まっていた知は人間力に担われたコミュニケーション活動の知となります。その上で直観力や想像力、洞察力や構想力などといった高度な人間力がさらに豊かに発揮できるようになります。それによって成員の創発的主体意識も大きく進展します。ＩＴ革命によってもたらされる最大の変革はこの意識改革です。こうしてＩＴ革命によって成員各人の実存意識は根底から変革されます。ＩＴ革命の本質は人間力革命にあります。

Ｑ39：制度はいずれ硬直化すると言われます。それがつねに柔軟性を保つにはどうすればよいでしょうか。

Ａ：社会とは人間力エネルギーが互いに共鳴・共振しあいながら不断に自己組織化していく場所です。しかしながら、そのなかにあって定常的に反復される活動領野はやがて形式知化されたシステムへと取り込まれていきます。そうなるとそこでは個々の活動は人格的・個人的色彩を脱色されて、当該システムにとって有効かどうかだけが問題とされるような無機的な記号体系へと還元されます。それがつまり社会の制度化です。

社会の制度化とは、外部環境との境界を区切ることで外部環境からの壊乱作用を最小限化し、内部を一つの力学法則系のごとくに記号体系化することです。そうなればその記号体系をさまざまに操作することによって必要とする解を導出することが容易になります。しかしながら、そのような仕組み（要素間の関係を関数関係へと近似的に表現し直しそれに種々の数値を代入することで、その解を追跡しながら当該事象の特性を解析していくような思考プロセス）は、やがて自律的な自己運動を始めるようになります。そして、やがて自閉的に硬直化していきます。

そうならずに社会が問題解決系として鮮度を保ちつつ発展していくためには、社会は不断にその始源性を回復しなければなりません。そのためにとるべき戦略は三つあります。

一つは、社会が自らを区切ってきた外部環境との境界を拡張したり再設計したり、ないしはその境界領域を強いて溶融化させることで、その周縁部からさまざまな揺らぎを発生させ、それによって硬直化した社会制度に柔軟性を取り戻すことです。

二つには、下位制度を分離させたり上位制度を括り直したりして制度自体の内部構造に揺らぎを発生させ、それを契機に社会制度が本来もっていた複雑系としての環境適応能力を回復させることです。

三つには制度の構造それ自体をあたかも生命体のように、つまり制度全体をつねに揺らぐ状態にしておいて、外部環境の変化に合わせて制度自体が自律的に自己変容を遂げていくような社会制度を初めから構想することです。

一と二は既存体系の枠内操作であって、すべての社会制度において現に日常的に実践されていることです。問題は三のケースです。これは言うは易く現実には難しい。考えられるのは、たとえば社会をできる限り多様なコミュニティに細分化し、それらが内外の環境変化に合わせて自在に統廃合（自己組織化）されていくような、クラスター型サテライト図式あるいはリゾーム状ネットワーク組織などを構想することです。NPOやNGOなどのボランティア活動などにその方向性は伺えますが、それはまだ社会の主流にはなっていません。それには、さまざまな部分システムが複合的・重層的にネットワークされていて、しかもそれらが全体を見ながら互いに自己調律していくような生命論的組織原理が求められます。そのためには社会倫理それ自体の根底からの組み替えも必要となります。

クラスターの表象は葡萄です。リゾームの表象は蓮華です。ともに生命の象徴です。そのような生命論的組織編成は一部の企業などで実験的に行われていますが、まだ一般化するまでには至っていません。

おわりに

本講を終えるにあたって、関係的自立＝自立的関係について若干の補足をしながら、これからの複雑系社会のなかにあって、経営はどう舵取りされるべきか、あるいはどう変容されるべきか、そして、それを担うのは誰か、についてまとめておきます。

最初に関係的自立についておさらいをしておきます。人は生まれた乳幼児のときから周りの関係性をそれなりに組織し解釈しながら生きていきます。そういう意味では人は生まれた時から関係性存在なのです。しかしこの段階ではまだ受動的関係性存在に止まっています。そのうち人は少しずつ自己に目覚めていきます。そうなると今度は、自分の方から進んで周りの関係性に働きかけ、自分なりの能動的意図をもってそれを構成的に編集するようになります。そのなかで自立性が育まれていきます。こうして関係的自立存在が誕生します。この基本構造はその後も変わりません。

しかしながら、長じるにつれて周りの関係性は複雑性を増していきます。関係性の構成的編集も容易ではなくなります。そうなりますと、人はむしろ関係性のなかに身を紛らすことで自己を韜晦したり、果ては自己を見失ったり、あるいは逆に、関係性を自分に都合のよいように解釈したり、またそれを隠れ蓑にしてその陰で自我を肥大化させたりするようになります。関係性が括弧に入れられ、自立性がのさばってくるのです。

「関係性」の網の目に絡めとられた、動きのない閉ざされた、そのために自我に固着した「自立性」ではなく、また、「関係性」という枠組みの内側に自己拡張しただけの閉じた「自立性」でもなく、「関係性」と「自立性」の間がバランスよく調停された関係的自立存在として人は成熟していかねばなりません。

そのような、真に「関係性」へと開かれた確固たる「自立性」存在であるためには、つねに外部から「関係性」のネットワークは揺るがされていなければなりません。「関係性」の枠組みは不断に壊されねばなりません。その外部からの破壊的な力（他者の眼差し、他者からの働きかけもそこには含まれます）に呼応して、内部からも内破的作用力が働きます。それによって、「関係性」の枠組みは内側からも融解して、そこにむき出しの自己が暴き出されます。そのむき出しの自己に耐えてこそ、人は真に「自立性」存在となることができます。そこまでいかなければ、「関係性」を鎧っただけの、「関係性」に身を紛らせただけの閉じた「自立性」の埒を超え出たことにはなりません。

こうして真の「自立性」に覚醒した自己は、覚悟を定めて再び複雑多様な「関係性」のネットワークへと自らを企投することとなります。自覚的に、自己構成的に「関係性」の網の目を自己の周りに張り巡らし、そのなかで精いっぱい自己を演じることになります。そのとき、人はあたかも舞台の上で演技する演者のごとく、場の状況に応じてつねに自己変容する「自立的関係」存在となります。

このように、自立性と関係性の間の相互生成的弁証法のなかで人は自我ならぬ自分、真に自立した自己となります。すなわち、自立性と関係性の間で自己変容してやまない統合的自己となります。関係的自立＝自立的関係の成立です。

「関係性」はつねに揺れ動いています。つれて、関係的自立存在の自己も揺れ動きます。自立的関係存在もそれ自体揺れ動きつつ生成してやまない自己です。

そのような統合的自己の生成的集合体、関係的自立存在＝自立的関係存在の多様性・特異性の動的集合体をスピノザに倣ってマルチチュードと呼ぶこととします。

問題は、このマルチチュードとしての集合体を、上（あるいは外部）からの権力作用によらずして、いかにして自律的に秩序づけられた「制度的統摂体」へと自己組織的に規範化するかです。しかも、他のマルチチュード集合体との間の軋轢や、自身の内部に抱え込んだ矛盾対立（多様性・特異性）を調停しながらそれを行わねばなりません。

すなわち、マルチチュードのもつエマージェンス（創発的意欲）を最大限に振起させ賦活しながら、それをコヒーレントな（方向性の揃った）パワーへといかにして結束させるかの方略が問われるのです。

キーワードはオートポイエーシス、シナジェティクス、ホメオスタシスの三つです。オートポイエーシスとは、自己組織性という特性、すなわち、摂動や揺らぎを吸収して自律しているという特性のことです。シナジェティクスとは、近距離・遠距離相関という特性、すなわち、協働のネットワークが場全体で共振しているという特性のことです。ホメオスタシスとは、恒常性維持という特性、すなわち、内外からのどのような攪乱・破断要因にもかかわらず場の状況がつねに定常状態に保持されているという特性のことです。

マルチチュードをこのような、あたかも生命体のような、自律的・協働的・定常的秩序体へと編成するにはどのような方略があるか、そのためのキーワードはストレンジ・アトラクター、セレクター、ヒステリシスの三つです。ストレンジ・アトラクターとは、マルチチュードをそれへ向けて自律的（自己組織的）に結束させる求心的中核価値のことです。それは同時に、マルチチュードが本来有する潜在的・潜勢的力能を顕在的・現勢的パワーへと解発せしめる起爆剤となります。セレクターとは、その起爆力をどの方向へ向けて発現させるかの経路選択のことです。上（外部）からの指令を切断し、マルチチュードが自らの意志・決断・覚悟をもって独自の破断線を描き込むのです。ヒステリシスとは、その経路選択（破断線の描き込み）にあたって系がそれまでに辿ってきた経路履歴（デザイン構想に基づく描線）を踏まえることで、系の状態（全体構図）をつねに動的生成・変容のプロセスに保持することです。

こうして、「変容に対する障害を取り除」きつつ、場全体を「マルチチュードを構成する諸々の特異性の間により有益な関係が結ばれるように導く」（「　」内はアントニオ・ネグリ／マイケル・ハート『コモン・ウェルス』〈NHK出版〉）のです。

系の状態、場の状況がそうなったとき、そこに現出する経営空間はこれまでの権力志向的（権力行使的）秩序とはまったく様相を異にする位相へと変容します。そこに現出するのが、ひと言で言って

「英知公共圏」としての経営空間です。「英知」とする意味は、そこでストレンジ・アトラクターとして機能するのが「英知（卓越性）」だということであり、「公共」とする意味は、セレクターの作動原理が「公」にも「私」にも傾斜しすぎることなく、つねにその中間の「共」に軸足を置くということであり、そこを「圏」と捉えるのは、そこがリニアーな経路選択とは対極にある複線的・複合的な相互作用圏であって、そこではつねに系（場）の最適適合状態がヒステリシス的に編成されつつあるという意味です。

では、経営空間がこのように英知公共圏へと編成されたとき、具体的に経営はどう変わるでしょうか。

英知が英知を創発させ、英知が共鳴・共振しあって、経営空間は喜ばしい英知の出会いの場、エマージェントな英知の交響圏となります。権力・権威・権限・職位・職階などの規範体系は、英知によって担われる職責・職務・協働・相互支援などがコヒーレントに束ねられた役割体系へと取って代わられます。これまで十五講にわたって述べてきたのはその具体相の諸々でした。そして、本講が伝えたかったのは、それを実際に担うのが参謀型リーダー、卓越者リーダーとしての「あなた」だということでした。

了

【著者プロフィール】

花村　邦昭（はなむら　くにあき）

1933年、福岡県生まれ。学校法人大妻学院理事長。

東京大学経済学部卒業。（株）住友銀行（現三井住友銀行）専務取締役を経て、1991年、（株）日本総合研究所社長に就任。会長を経て現在同社特別顧問。

2007年、学校法人大妻学院常任理事に就任。2008年より現職。

著書に『知の経営革命』（東洋経済新報社2000年、日本ナレッジマネジメント学会賞受賞）。編書に『生命論パラダイムの時代』（ダイヤモンド社1997年、レグルス文庫1998年）。

他に、電子出版として、

『大妻コタカ　母の原像』

(http://www.ihcs.otsuma.ac.jp/ebook/book.php?id=49)

『大妻良馬の人と思想ー忘私奉公の生涯』

(http://www.ihcs.otsuma.ac.jp/ebook/book.php?id=1)

がある。

働く女性のための〈リーダーシップ〉講義

2013年　8月　31日　第1版第1刷発行

著　者　花村　邦昭

発行者　高橋 考
発行所　三和書籍
〒112-0013　東京都文京区音羽2-2-2
TEL 03-5395-4630　FAX 03-5395-4632
http://www.sanwa-co.com/
info@sanwa-co.com
印刷所　日本ハイコム株式会社

乱丁、落丁本はお取り替えいたします。

価格はカバーに表示してあります。


ISBN978-4-86251-154-6　C0030